roteiro da poesia brasileira

MODERNISMO

Direção

Edla van Steen

roteiro da poesia brasileira

MODERNISMO

Seleção e Prefácio

Walnice Nogueira Galvão

global
editora

1ª Edição, Global Editora, São Paulo, 2008
1ª Reimpressão, 2019

Jefferson L. Alves – diretor editorial
Flávio Samuel – gerente de produção
Rita de Cássia Sam – coordenadora editorial
Anabel Ly Maduar e João Reynaldo de Paiva – revisão
Ricardo van Steen – Tempo Design – projeto de capa
Antonio Silvio Lopes – editoração eletrônica

Obra atualizada conforme o
NOVO ACORDO ORTOGRÁFICO DA LÍNGUA PORTUGUESA.

Dados Internacionais de Catalogação na Publicação (CIP)
(Câmara Brasileira do Livro, SP, Brasil)

Modernismo / seleção e prefácio Walnice Nogueira Galvão ; direção Edla van Steen. – São Paulo : Global, 2008. – (Coleção Roteiro da Poesia Brasileira).

Bibliografia.
ISBN 978-85-260-1149-6

1. Modernismo (Literatura) – Brasil 2. Poesia brasileira 3. Poetas brasileiros – Biografia I. Galvão, Walnice Nogueira. II. Steen, Edla van. III. Série.

08-03239 CDD-869.9109

Índices para catálogo sistemático:

1. Modernismo : Poesia : Literatura brasileira : História e crítica 869.9109

global editora

global editora e distribuidora ltda.
Rua Pirapitingui, 111 – Liberdade
CEP 01508-020 – São Paulo – SP
Tel.: (11) 3277-7999
e-mail: global@globaleditora.com.br
www.globaleditora.com.br

Nº de Catálogo: **2820**

MODERNISMO

Ronald de Carvalho – Menotti Del Picchia – Jorge de Lima – Cassiano Ricardo – Guilherme de Almeida – Manuel Bandeira – Mário de Andrade – Cecília Meireles – Ribeiro Couto – Augusto Meyer – Ascenso Ferreira – Oswald de Andrade – Augusto Frederico Schmidt – Carlos Drummond de Andrade – Murilo Mendes – Raul Bopp – Vinicius de Moraes

Walnice Nogueira Galvão é professora titular de Teoria Literária e Literatura Comparada da Universidade de São Paulo. Além da USP, foi professora visitante nas universidades de Austin, Iowa, Columbia, Paris VIII, Poitiers, École Normale Supérieure, Colônia, Oxford e Berlim. Tem 33 livros publicados. Entre suas áreas de especialidade estão Guimarães Rosa, Euclides da Cunha, crítica literária e cultural.

Preparou a edição crítica de *Os sertões*, de Euclides da Cunha (1985), e *Grande sertão: veredas*, de Guimarães Rosa, e as edições de *Correspondência de Euclides da Cunha* (1998), *Diário de uma expedição*, de Euclides da Cunha (2000), e *Breviário de Antonio Conselheiro* (2002). Colabora ativamente em jornais e revistas.

Principais livros: *As formas do falso* (1972), *No calor da hora* (1974), *Mitológica rosiana* (1974), *Desconversa* (1997), *A donzela-guerreira* (1998), *Le Carnaval de Rio* (2000), *O império do Belo Monte* (2001), *As musas sob assédio* (2005), *Mínima mímica: ensaios sobre Guimarães Rosa* (2008), *O tapete afegão* (2008) e *Ao som do samba: uma leitura do carnaval carioca* (2008).

MODERNISMO

Seria adequado falar-se em *Revolução Modernista*, tal a comoção que estremeceu tantos setores da vida cultural e literária brasileira: estas nunca mais foram as mesmas. A atualização dos padrões estéticos, despindo-os do ranço oitocentista e acadêmico, abrindo-os para todas as aventuras, foi propósito de incontáveis intelectuais e artistas pelo país afora. E não só na literatura e nas artes em geral, mas também na concepção de educação e ensino, no ativismo no setor editorial e na produção de pensamento sobre o Brasil.

Se pode ser considerada um terremoto, cujo epicentro se localizou em São Paulo e Rio de Janeiro, suas ondas sísmicas aos poucos atingiram todos os quadrantes do país. As adesões chegavam de todos os lados, enquanto focos se instalavam na província. Pode-se falar em Modernismo mineiro, gaúcho, pernambucano ou nordestino, e assim por diante.

A Primeira Guerra Mundial, encerrando definitivamente a *belle époque* e suas quimeras, soou o alarme ante a precariedade de uma civilização que era só verniz, sob o qual vicejava a barbárie. A impotência em evitar a escalada de um conflito mundial e os horrores que se verificaram durante quase cinco anos, quando a Europa com todos os seus tesouros, farol do Ocidente, virou campo de batalha, fomentaram a urgência de uma revisão geral. Uma crise perpétua, com poucas pausas de alívio, se instauraria desde então. As sucessivas vanguardas artísticas – Futurismo, Cubismo, Expressionismo, Dadaísmo, Surrealismo –, tudo destruindo, fariam parte do processo.

Compreende-se que essa revisão implicasse frequentemente uma refutação de normas e ideais, fossem éticos, comportamentais, científicos ou estéticos. Prestou-se atenção em sinais esparsos que eclodiam por toda parte já antes da conflagração e prefigurando-a, como, por exemplo, o louvor da guerra e do sangue derramado, da violência enfim, feito por Marinetti no Manifesto Futurista, em 1909.

A elite brasileira era cosmopolita e seus membros submetiam-se pessoalmente ao impacto dos novos padrões. Oswald de Andrade e Tarsila do Amaral rumavam toda hora a Paris:[1] a primeira viagem de Oswald, aos 22 anos, data de 1912, e ele a repetiria periodicamente. Paulo Prado estava sempre por lá. Anita Malfatti estudou pintura primeiro na Alemanha, onde sofreu influência do Expressionismo, tão forte naquele país, e depois nos Estados Unidos. O escultor Victor Brecheret fez um estágio na Itália e regressou em 1919. Vicente do Rego Monteiro morava em Paris. Os irmãos Antonio e Regina Gomide estudaram na Suíça, onde também viveu por longo período Sérgio Milliet. As trocas são frequentes e intensas. Residindo em Lisboa, Ronald de Carvalho participou em 1914 da fundação da revista *Orpheu*, em que Fernando Pessoa e Mário de Sá-Carneiro pontificariam, sendo codiretor do primeiro número (1915). John Graz e Lasar Segall vêm de fora para ficar, e este já expusera em São Paulo, embora sem maior repercussão, em 1913. Blaise Cendrars também chega,[2] para uma temporada. Mais adiante, aqui aportaria em 1929 um surrealista do núcleo do movimento e diretor da revista *La Révolution Surréaliste*, Benjamin Péret, que se havia casado em Paris com a cantora modernista brasileira Elsie Houston.[3]

A efervescência renovadora expressou-se em vários tipos de atividade, cenáculos, manifestos, salões, revistas e festivais, dos quais o seminal é a Semana de Arte Moderna de 1922. Tudo isso instaura a sociabilidade modernista, que se prolongaria até os começos da década de 1930, nos bailes de Carnaval da Sociedade Pró-Arte Moderna (SPAM), que contavam com cenografia de Lasar Segall e roteiro de Mário de Andrade.

---

1 AMARAL, Aracy A. *Tarsila: sua obra e seu tempo*. 3. ed. São Paulo: 34/Edusp, 2003; GOTLIB, Nadia Batella. *Tarsila do Amaral, a modernista*. São Paulo: Senac, 1998.

2 EULÁLIO, Alexandre. *A aventura brasileira de Blaise Cendrars*. 2. ed. rev. e aum. por Carlos Augusto Calil. São Paulo: Edusp, 2001.

3 *Elsie Houston*, São Paulo, plaquete e CD da exposição "Negras memórias, memórias de negros", 2003.

Entre nós, de modo similar, os sinais de inquietação e de esgotamento manifestam-se precocemente no novo século. Intelectuais e artistas estavam agitados e procuravam apreender o novo, ainda nebuloso, que divisavam além do horizonte. O tecido social tinha-se modificado profundamente com a chegada de sucessivas levas de imigrantes, uma novidade em nossa história. Gestava-se o proletariado industrial em São Paulo, com turbulência política e as primeiras greves. Sobre o ano de 1922 pairava a sombra do Centenário da Independência, com muitas festividades e celebrações, e a data serviu de pretexto para uma contracomemoração. O ano da Semana de Arte Moderna teria outros eventos inaugurais, como a fundação do Partido Comunista e o levante tenentista conhecido como o episódio de "Os 18 do Forte", que culminaria na Revolução de 1930 e no advento de Getúlio Vargas. A industrialização do país – ou, talvez mais do que isso, a civilização industrial – esforçava por impor-se ao passado agrário, conflito que pode ser reconhecido nas propostas do Modernismo, com sua valorização da metrópole, da máquina e da velocidade.

A ruptura se verificaria na Semana, cuja preparação já começara antes. Três jornalistas de prestígio, que assinavam colunas em tradicionais jornais paulistas – Menotti Del Picchia, Guilherme de Almeida e Cândido Mota Filho –, vinham fazendo agitação em prol da renovação, pelo menos desde o ano anterior. À atuação jornalística deles devem-se acrescentar as de Oswald e Mário de Andrade no período.

A Semana

A Semana de Arte Moderna foi realizada no Teatro Municipal de São Paulo e durou três noites sucessivas, com programa publicado nos jornais da cidade.[4] Constava de exposições de

4 BATISTA, Marta Rossetti; LOPEZ, Telê Porto Ancona; LIMA, Yone Soares de. *Brasil: 1º tempo modernista – 1917/29*. São Paulo: Instituto de Estudos Brasileiros da Universidade de São Paulo, 1972.

pintura, escultura e arquitetura no saguão do teatro, enquanto no palco se sucediam conferências, declamação de poemas, canto, música e dança. Uma palestra de Mário de Andrade realizou-se no saguão, no intervalo.

A abertura solene na primeira noite constou de uma conferência do renomado escritor Graça Aranha, pertencente à Academia Brasileira de Letras, que emprestava sua reputação aos novos. A conferência teve por título "A emoção estética na arte moderna" e foi ilustrada por música executada por Ernani Braga, bem como por poemas lidos por Guilherme de Almeida e Ronald de Carvalho. Seguia-se um concerto com obras de Villa-Lobos, regendo-as pessoalmente, e de outros. Na segunda parte, Ronald de Carvalho dissertou sobre "A pintura e a escultura modernas no Brasil", seguindo-se outro concerto. Entre os expositores estavam Brecheret, Anita Malfatti, John Graz, Di Cavalcanti e Vicente do Rego Monteiro. Guiomar Novais tocou piano. O modelo se repete na segunda e na terceira noite: uma conferência, um concerto, leitura de poemas e fragmentos de obras literárias; entre os conferencistas, Menotti Del Picchia.

A assistência era formada pela burguesia paulista, já que o festival se passava no espaço mais nobre da cidade de então, o Teatro Municipal.[5] E não agradou. Concebido como provocação, foi recompensado em suas expectativas, porque os apupos não falharam, vindos dos presentes; e a seguir os jornais desancaram os espetáculos. Ao violar os cânones estéticos vigentes, o evento foi considerado sinônimo de mau gosto, expressão de loucura e de maus costumes. Até então, a alcunha vaga de *Futurismo* aplicava-se a qualquer coisa que fosse nessa direção. Doravante, seria substituída por *Modernismo*.

---

5 SEVCENKO, Nicolau. *Orfeu extático na metrópole: São Paulo, sociedade e cultura nos frementes anos 20*. São Paulo: Companhia das Letras, 1992.

Revistas

Foi típico do Modernismo o lançamento de revistas programáticas e efêmeras.[6] Por meio delas podem-se acompanhar os meandros das várias tendências e grupos que o movimento encarnou.

A primeira, mais famosa e mais completa, foi *Klaxon* (1922). Reuniu a nata dos militantes e expressou a Semana. Mensal, atingiu nove números, inaugurando a tiragem logo após o mês de fevereiro em que a Semana se realizou.

Depois dela, foi a vez de *Terra Roxa e Outras Terras*, paulista (1926). No Rio, dois participantes da Semana, Sérgio Buarque de Holanda e Prudente de Morais, neto, fundam *Estética* (1924), que não ultrapassaria dois números. Em São Paulo, Cassiano Ricardo cria a *Novíssima* (1924). No mesmo ano, *Terra de Sol*, carioca, expressava o grupo católico e espiritualista de Tasso da Silveira, a que sucederia *Festa* (1927), esta contando com a colaboração de Cecília Meireles. Depois é a vez da *Revista de Antropofagia* (1928), de Oswald, e mais tarde, de *Nova* (1931), com Paulo Prado, Mário de Andrade e Alcântara Machado na direção, ambas em São Paulo.

À medida que o programa do movimento se alastra pelo território brasileiro, pipocam publicações por toda parte. Em Minas, *A Revista* (1925) teve entre os fundadores Carlos Drummond de Andrade, além de Pedro Nava, que ainda levaria meio século para lançar-se como escritor. Mineiras são *Verde* (1927), de Cataguases, e *Leite Crioulo* (1929), criada por Guilhermino César em Belo Horizonte. No Rio Grande do Sul, *Madrugada* (1925), em torno de Augusto Meyer; no Recife, *Mauriceia* (1923), de Joaquim Inojosa, e *Revista do Norte* (1924); *Arco e Flexa* (1928) na Bahia; no Ceará, *Maracajá* (1929). E mencionam-se aqui apenas as mais destacadas. São revistas idealizadas exclusivamente para canalizar a voz dos que rejeitavam o cânone e aderiam entusiasticamente à nova estética.

---

6 Para as revistas do Modernismo, veja CASTELLO, José Aderaldo. *A literatura brasileira*. São Paulo: Edusp, 1999. v. II.

Para completar, Paulo Prado assumiria o comando da conspícua e já consolidada *Revista do Brasil* (segunda fase), de 1923 a 1925, abrindo-a aos modernistas e entregando a Mário de Andrade a seção de crítica de arte.

Tais publicações mostraram-se cruciais, não só porque suas páginas estampavam as novas tendências em poesia, ficção, ensaio e ilustração, mas também porque acolhiam polêmicas e controvérsias. Cada uma delas fazia questão de escrever com todas as letras sua plataforma, assim tornando-se indispensáveis para a compreensão do ideário do Modernismo em estado nascente.

Manifestos

O período foi fértil em manifestos. Toda revista trazia já no lançamento o seu; e, como se as revistas não bastassem, alguns saíam em página de jornal.[7] Tal foi o caso de "Flaminaçu" (1927), do grupo modernista de Belém, redigido por Abguar Bastos; mas foi igualmente o caso de um dos mais notórios, o "Pau-Brasil" (1924), de Oswald de Andrade, no ano seguinte servindo de introdução a seu livro de poesia de mesmo título.

Editoriais e prefácios foram os lugares privilegiados desses pronunciamentos. Entre eles, o editorial de lançamento de *Klaxon* ocupa um patamar de exceção, pela precedência e por congregar o núcleo puro e duro da Semana. Para saber as normas que nortearam a turma, basta reportar-se a esse texto, curto e incisivo.

Alguns outros se destacaram. Os dois de Oswald de Andrade – o supracitado "Pau-Brasil" e mais ainda o "Manifesto Antropófago", este estampado no primeiro número da *Revista de Antropofagia* – são marcantes pelo radicalismo, que atinge o nível da linguagem: concisa, formular, de choque, demolidora. Este último texto traz a frase desde então repetida: *Tupy, or not tupy, that is the question.* A quantidade

---

7 TELLES, Gilberto Mendonça. *Vanguarda europeia e modernismo brasileiro.* 17. ed. Petrópolis: Vozes, 2002.

de modernistas de primeira plana em todo o território brasileiro que acorreram para esse periódico também é significativa.

"Pau-Brasil" evoluiu para a Antropofagia e para a esquerda. Já uma parcela dos pioneiros da Semana a partir de 1926 começou a tender para a direita e afiliou-se ao Verde-amarelismo, que depois se tornaria o movimento de Anta. É outro caso de manifesto sem revista, pois foi publicado em jornal, e tornou-se conhecido sob o título de "Nheengaçu Verde-amarelo" (1929). Louvando-se num nacionalismo extremado de pendor autoritário e no primitivismo das fontes indígenas – com termo tupi e totem aborígene –, opõe-se frontalmente ao cosmopolitismo do grupo de Oswald e Mário. As assinaturas são de Menotti Del Picchia, Plínio Salgado, Alfredo Elis, Cassiano Ricardo e Cândido Mota Filho. Cassiano Ricardo seria no futuro ideólogo do Estado Novo. Raul Bopp, que por um momento gravitou nessa órbita, opera uma guinada e vai fazer parte da direção da revista de Oswald. Politicamente, Verde-amarelismo e Anta são afins ao integralismo de Plínio Salgado, nossa variante do fascismo então em ascensão internacional.

Para enfronhar-se nessas expressões doutrinárias convém inteirar-se também do que saiu como artigo, crônica, reportagem, charge humorística e comentário em jornal, acompanhando ao rés do cotidiano o que foi tão vivaz e variegado.[8]

Ventos da renovação

Os ventos da renovação sopraram por toda parte. Em 1924, Graça Aranha pronuncia na Academia Brasileira de Letras a conferência "O espírito moderno", não só propondo que a entidade se modernizasse como apresentando um projeto nesse sentido. Sócio fundador da Academia, produziu um escândalo e pediu demissão.

8 BOAVENTURA, Maria Eugênia (Org.). *22 por 22: a Semana de Arte Moderna vista pelos seus contemporâneos*. São Paulo: Edusp, 2000.

Gilberto Freyre, em Pernambuco, organiza o *Livro do Nordeste* em 1925 e o 1º Congresso de Regionalismo do Nordeste no ano seguinte.

O ideário exigia que os brasileiros acatassem ao mesmo tempo o nacional e as vanguardas europeias,[9] duplo anseio que Mário expressou no verso "Sou um tupi tangendo um alaúde" e que Oswald ressemantizou no Antropofagismo. Num polo, os artistas vão redescobrir o Brasil, gestão que inclui uma excursão comboiando Blaise Cendrars às cidades barrocas de Minas Gerais, bem como as jornadas de Mário ao Nordeste e à Amazônia. No outro polo, o lema era "palavras em liberdade" e a dedicação à pesquisa estética, sem nenhuma espécie de limitação.

Após a mostra de Anita Malfatti (1917), que despertou as iras de Monteiro Lobato, ainda em 1922 ela mesma e Tarsila, entre outros, forneceram telas para a coletiva eclética de belas-artes, no Palácio das Indústrias, em São Paulo. Ao longo dos anos, apresentaram-se sucessivamente Lasar Segall com seu tirocínio no Expressionismo alemão, Vicente do Rego Monteiro, Di Cavalcanti, Ismael Nery, Cícero Dias, Guignard e Flávio de Carvalho. Em 1928 Portinari ganha o prêmio de viagem à Europa da Escola Nacional de Belas Artes, no Rio. Ao assumir a direção desse baluarte do passado, Lúcio Costa recebe os modernos em peso para o Salão de 1931.[10] Victor Brecheret, que colocara várias obras no saguão do Municipal na Semana, afirma-se como o principal escultor conforme a nova estética e o maestro Villa-Lobos, como seu compositor por excelência.

Enquanto isso, Gregori Warchavchik – que edificou a primeira casa modernista –, Flávio de Carvalho e outros vão apontando o rumo do desabrochar futuro da arquitetura, que geraria Lúcio Costa e Oscar Niemeyer. O paisagismo de Burle Marx influencia os jardins brasileiros, ao abandonar o geometrismo vigente, adotar espécies

---

9 SCHWARTZ, Jorge. *Vanguarda e cosmopolitismo*. São Paulo: Perspectiva, 1983.

10 SOUZA, Gilda de Mello e. "Vanguarda e nacionalismo na década de vinte". In: ______. *Exercícios de leitura*. São Paulo: Duas Cidades, 1980.

nativas que desbrava e domestica, e substituir o quadrilátero pelo canteiro ameboide. Seu primeiro trabalho, de 1932, inseriu-se num projeto arquitetônico de Lúcio Costa e Gregori Warchavchik; e desde então sua obra inundou o panorama brasileiro e internacional.

Por sua vez, o desenvolvimento da arquitetura acarreta a atualização da arte aplicada e do *design*. Artistas e artesãos afinados com a nova estética, como Regina Gomide, John Graz e as equipes do Liceu de Artes e Ofícios, produzem móveis e objetos de decoração de interiores. Ainda quando Mário de Andrade quis renovar seu mobiliário conforme padrões recentes, não achando o que comprar, servira-se de revistas alemãs e de marcenaria;[11] mas essa etapa seria rapidamente superada.

Sociabilidade

Os jovens iconoclastas contaram com alguns mecenas. Houve dois salões que propriamente os abrigaram e promoveram, a Vila Kyrial de Freitas Vale[12] e o Pavilhão Moderno de D. Olívia Guedes Penteado, projetado por Lasar Segall.[13] Paulo Prado, um dos principais mecenas, senão o principal, abria sua casa para almoços dominicais. Seu livro *Retrato do Brasil* (1928),[14] datado do mesmo ano que *Macunaíma* e o "Manifesto Antropófago", conheceu tal êxito que tiraria quatro edições em três anos. Escreveu o prefácio de *Pau-Brasil*, de Oswald, e recebeu dedicatória de Mário

---

11 PAULA, Rosângela Asche de. "Mário de Andrade *designer* aprendiz". *D.O. Leitura*, São Paulo, ano 19, n. 3, mar. 2003. Os móveis conservam-se no Instituto de Estudos Brasileiros da USP.

12 CAMARGOS, Marcia. *Villa Kyrial: crônica da* belle époque *paulistana*. São Paulo: Senac, 2001.

13 SOUZA, Gilda de Mello e. "Lasar Segall e o modernismo paulista". In: ______. *A ideia e o figurado*. São Paulo: Duas Cidades, 2005.

14 PRADO, Paulo. *Retrato do Brasil*. Organização, introdução, apêndices e notas de Carlos Augusto Calil. São Paulo: Companhia das Letras, 1999; PRADO, Paulo. *Paulística etc*. Organização, introdução, apêndices e notas de Carlos Augusto Calil. São Paulo: Companhia das Letras, 2004; BERRIEL, Carlos Eduardo. *Tietê, Tejo, Sena: a obra de Paulo Prado*. Campinas: Papirus, 2000.

em *Macunaíma*. Sua posição na *Revista do Brasil* foi estratégica. O convívio entre artistas e patronos era intenso; e foi em companhia de D. Olívia que Mário efetuou a viagem de descoberta à Amazônia, relatada em *O turista aprendiz*.

Dessa convivência e da aura dos modernistas entre os setores esclarecidos da elite, surgiriam na capital paulista o Clube dos Artistas Modernos – idealizado por quatro pintores, a saber: Flávio de Carvalho, Antonio Gomide, Carlos Prado e Di Cavalcanti (1933) – e a Sociedade Pró-Arte Moderna (SPAM), inaugurada por um baile no *réveillon* de 1932. Ambos pouco durariam e por volta de 1935 tinham-se extinguido.[15] D. Olívia foi o pivô da criação da SPAM, cujas reuniões preparatórias abrigou. Lasar Segall e Mário foram figuras-chave do congraçamento, que planejava exposições, tertúlias, leituras públicas de obras literárias, saraus musicais etc., de artistas sintonizados pelo mesmo diapasão.

Durante os anos mais cruciais da década de 1920, o endereço de Mário de Andrade à rua Lopes Chaves, a casa de Tarsila e Oswald, a *garçonnière* deste último funcionaram como pontos de encontro e de debates semanais.

A festeira sociabilidade modernista logo se encerraria. Os retumbantes bailes de carnaval da SPAM – com cenografia de Lasar Segall e roteiro de Mário, do qual constava uma pantomima antiburguesa – despertariam as iras da direita, que os denunciou e exigiu sua extinção. Sem condições de continuar, as festas acabaram. Mas a essa altura já tinha terminado a fase da demolição e se iniciava a fase da construção modernista.

O Modernismo nascente beneficiara-se da prosperidade trazida pela alta do café e seus mecenas eram cafeicultores. Mas o craque da Bolsa, em 1929, e as consequências a longo prazo da Depressão subsequente, que se arrastaria pelos anos 1930, mudariam as coisas de figura. O dinheiro não mais sobrava para financiar

15 ALMEIDA, Paulo Mendes de. *De Anita ao Museu*. São Paulo: Perspectiva, 1976.

aventuras estéticas. A conjuntura internacional, com a Segunda Guerra Mundial delineando-se no horizonte, implicaria a radicalização dos intelectuais, à esquerda e à direita. Entre nós, logo haveria o golpe de Getúlio Vargas, no poder desde 1930, endurecido em 1937, e longos anos de ditadura. Sucedem-se enfrentamentos graves entre a esquerda e os integralistas, enquanto o levante comunista de 1935 servia de pretexto para uma repressão feroz. A euforia e a opulência dos anos 1920 eram coisa do passado, enquanto o alinhamento político levava a fissuras e fraturas no núcleo inicial.

Ensaio, ficção, poesia

Não só de artistas e poetas vivia o Modernismo. Numa época de renovação total, fizeram-se contribuições essenciais para o ensaio. Também ensaístas surgidos em seu bojo produziram tratados de reflexão sobre o país. *Casa-grande & senzala* (1933) de Gilberto Freyre, *Evolução política do Brasil* (1933) de Caio Prado Jr. e *Raízes do Brasil* (1934) de Sérgio Buarque de Holanda revolucionariam nosso pensamento social.

Nessa linha, entre os participantes da Semana destacam-se Sérgio Buarque de Holanda – crítico literário antes de se tornar historiador –, Sérgio Milliet e Rubens Borba de Morais. O segundo seria por toda a vida crítico de literatura e de artes plásticas, com atuação duradoura na fundação e continuidade de instituições como o Museu de Arte Moderna e a Bienal de São Paulo; o terceiro seria erudito e bibliófilo exemplar, com obra marcante em favor do livro.

Ambos integraram o famoso e primeiro Departamento de Cultura encabeçado por Mário de Andrade e promovido por Paulo Duarte na gestão de Fábio Prado como prefeito da capital (1935). Rubens Borba de Morais cuidaria das bibliotecas, Sérgio Milliet, da documentação, Antonio de Alcântara Machado, do teatro, e Oneyda Alvarenga, da Discoteca Municipal, menina dos olhos do musicólogo Mário de Andrade. Entre outras iniciativas do

Departamento, realçam gestões etnográficas pioneiras[16] – como cursos a cargo de Dina Lévi-Strauss e financiamento das expedições de Claude Lévi-Strauss a áreas indígenas – e a Missão de Pesquisas Folclóricas, que circulou pelo Nordeste gravando e registrando folguedos populares.[17] Oneyda Alvarenga seria mais tarde responsável pela organização póstuma dos três volumes do monumental *Danças dramáticas do Brasil*, de Mário. Este também assentaria as bases e redigiria o projeto, vigente até hoje, do Patrimônio Histórico e Artístico Nacional.

Mário foi o grande teórico e crítico do movimento. Afora trabalhos mais longos, devem-se a ele mais de um milhar de artigos de jornal. E artigos militantes, que iam discutindo e analisando cada acontecimento, cada autor, cada título, cada periódico, cada concerto, cada exposição. Abatido por morte precoce, não chegou a organizar tudo o que escreveu para publicação em livro, tarefa que vem sendo executada desde então.[18] Já saíram vários volumes compilando seus artigos, os quais, como ele mesmo aconselhava, não eram avulsos, mas se compunham de séries que visavam ao livro. Impõe-se cada vez mais constatar como Mário estabeleceu os fundamentos da crítica moderna de literatura e de artes no Brasil.

Outra ramificação de suas tarefas é a epistolografia. Calcula-se que Mário escreveu cerca de dez mil cartas, que compõem propriamente a história do Modernismo. Nenhuma ficava sem resposta, e sua correspondência passiva[19] foi recentemente catalogada,

---

16 SANDRONI, Carlos. "Mário, Oneyda, Dina e Claude". *Revista do Patrimônio*, Brasília, DF, n. 30, 2002; BATISTA, Marta Rossetti. "Introdução ao catálogo". In: ______ (Org.). *Coleção Mário de Andrade*. São Paulo: Edusp/ Imprensa Oficial, 2004; GRUPIONI, Luis Donisete Benzi. *Coleções e expedições vigiadas*. São Paulo: Hucitec, 1998.

17 Acervo organizado por Flávia Toni; veja Exposição Permanente, CDs e um livro de textos: Centro Cultural São Paulo (Vergueiro), 2005.

18 Pelas equipes do Instituto de Estudos Brasileiros da USP, cujo Arquivo Mário de Andrade tem como curadora Telê Porto Ancona Lopes.

19 Depositada no IEB-USP.

num total de oito mil missivas. Já foi feita a edição do mais importante conjunto, o das trocas durante quarenta anos com Manuel Bandeira, até então só conhecidas de um lado: agora temos a integral da reciprocidade.[20] Todo o Modernismo muito lhe deve por essa tarefa incessante de atendimento a consultas e discussão de obras que submetiam a sua apreciação.

A ficção produziu três obras-primas de prosa experimental: *Memórias sentimentais de João Miramar* (1924) e *Serafim Ponte Grande* (1933), ambas de Oswald, e *Macunaíma* (1928). Entre os demais escritores, destaca-se Antonio de Alcântara Machado, ao transformar pioneiramente em ficção a experiência da imigração italiana, que mudaria para sempre a fisionomia de São Paulo. Fixou algo hoje desaparecido, o linguajar ítalo-paulista, em *Brás, Bexiga e Barra Funda* (1927), e outros. Arrolam-se numerosas realizações, porém menos experimentais. Ainda no campo da prosa, não podemos esquecer, por ter ficado tanto tempo engavetada, a dramaturgia de Oswald de Andrade, em ostracismo durante décadas. Entre suas várias peças, *O rei da vela* seria encenado pela primeira vez somente nos anos 1960, pelo Teatro Oficina de José Celso Martinez Correia, e essa tremenda sátira à burguesia revelou um talento até então ignorado.

A realização máxima do Modernismo se verificaria no campo da poesia. Mais receptiva a experimentalismos, foi por ela que o Modernismo começou.

A nova poesia reivindicava a libertação. Com isso, queria estourar os moldes até então usuais, constituídos pelo verso metrificado, pela rima e pela forma fixa – soneto, balada, ode etc. Depois, haveria um regresso, embora apenas parcial, e até Drummond faria sonetos. Renegou também a alienação dos poetas com relação à empiria brasileira e dedicou-se tanto a representar o país quanto a resgatar cronistas e viajantes, o que explica tanta gente versejando

---

20 MORAES, Marcos Antonio de (Org.). *Correspondência Mário de Andrade & Manuel Bandeira*. São Paulo: Edusp, 2000.

sobre a história do Brasil. Havia a busca de um "senso de brasilidade". Abominando o provincianismo, aspirava ao cosmopolitismo: em fórmula feliz (mais uma vez) de Oswald, urgia substituir a "poesia de importação" pela "poesia de exportação". O destaque dado ao poema-piada aponta para a valorização do coloquial, do desataviamento da linguagem e do rebaixamento do estilo, em reação às altissonâncias do Parnasianismo e do Simbolismo.

O destino dessa poesia, e dos próprios poetas, foi variado. Alguns se mantiveram vates modernistas, e bem produtivos, até a morte em idade avançada, como Bandeira e Drummond. É também o caso de Mário, ceifado precocemente em 1945. Já Oswald, após os livros de 1925 e 1927, nos quais dá o melhor de si, ainda publicaria mais um em 1945; mas, entremeadamente e até morrer em 1954, estaria mais interessado em prosa. Outros ou abandonaram o credo, ou de todo a lira; em muitos, o Modernismo foi epidérmico e fugaz, ou então foi a vocação poética que minguou. Em todo caso, o panorama é variado e, a par com os traços de unificação, nota-se a pluralidade de poetas, de vozes e de modalidades de expressão.

Walnice Nogueira Galvão

Nota: Os autores que compõem esta obra aparecem em ordem cronológica pela estreia com livro de poesia.

Ronald de Carvalho

Ronald de Carvalho (1893-1935), carioca, estreia em poesia com livro de alexandrinos e sonetos em 1913. O primeiro em estilo modernista é *Epigramas irônicos e sentimentais* (1922), que, com *Pauliceia desvairada*, de Mário de Andrade, disparou o tiro inicial da vanguarda poética no ano da Semana de Arte Moderna, da qual participou, ao ler sob vaias o poema "Os sapos", de Manuel Bandeira. Autor de outras obras, inclusive de uma história da literatura brasileira, sempre reeditada. Na carreira diplomática, teve meritória atuação pessoal como representante da intelectualidade brasileira no exterior. Principais livros: *Epigramas irônicos e sentimentais* (1922), *Toda a América* (1926) e *Jogos pueris* (1926).

ÉCLOGA TROPICAL

Entre a chuva de ouro das carambolas
e o veludo polido das jabuticabas,
sobre o gramado morno,
onde voam borboletas e besouros,
sobre o gramado lustroso,
onde pulam gafanhotos de asas verdes e vermelhas,

salta uma ronda de crianças!
O ar é todo perfume,

perfume tépido de ervas, raízes e folhagens.

O ar cheira a mel de abelhas...

E há nos olhos castanhos das crianças
a doçura e o travor das resinas selvagens,
e há nas suas vozes agudas e dissonantes
um áureo rumor de flautas, de trilos, de zumbidos
e de águas buliçosas...

Epigramas irônicos e sentimentais (1922)

EPIGRAMA

Enche o teu copo, bebe o teu vinho,
enquanto a taça não cai das tuas mãos...

Há salteadores amáveis pelo teu caminho.
Repara como é doce o teu vizinho,
repara como é suave o olhar do teu vizinho,

e como são longas, discretas, as suas mãos...

Ibidem

INTERIOR

Poeta dos trópicos, tua sala de jantar
é simples e modesta como um tranquilo pomar;

no aquário transparente, cheio de água limosa,
nadam peixes vermelhos, dourados e cor-de-rosa;

entra pelas verdes venezianas uma poeira luminosa,
uma poeira de sol, trêmula e silenciosa,

uma poeira de luz que aumenta a solidão.

Abre a tua janela de par em par. Lá fora, sob o céu do
[verão,
todas as árvores estão cantando! Cada folha
é um pássaro, cada folha é uma cigarra, cada folha
é um som...

O ar das chácaras cheira a capim melado,
a ervas pisadas, a baunilha, a mato quente e abafado.

Poeta dos trópicos,
dá-me no teu copo de vidro colorido um gole d'água.
(Como é linda a paisagem no cristal de um copo
d'água!)

Ibidem

SABEDORIA

Enquanto disputam os doutores gravemente
sobre a natureza
do bem e do mal, do erro e da verdade,
do consciente e do inconsciente;
enquanto disputam os doutores sutilíssimos,
aproveita o momento!

Faze da tua realidade
uma obra de beleza.

Só uma vez amadurece,
efêmero imprudente,
o cacho de uvas que o acaso te oferece...

Ibidem

VENTO NOTURNO

Volúpia do vento noturno,
do vento que vem das montanhas e das ondas,
do vento que espalha no espaço o cheiro das resinas,
a exalação da maresia e do mato virgem,
das mangas maduras, das magnólias e das laranjas,
dos lírios do brejo e das praias úmidas.

Volúpia do vento noturno nas noites tropicais,
quando o brilho das estrelas é fixo, duro,
quando sobe da terra um hálito quente, abafado,
e a folhagem lustrosa lembra o aço polido.

Volúpia do vento morno do verão,
carregado de odores excitantes,
como um corpo de mulher adolescente,
de mulher que espera o momento do amor...

Volúpia do vento noturno em minha terra natal!

Ibidem

UMA NOITE EM LOS ANDES

Naquela noite de Los Andes eu amei como nunca o Brasil.

De repente,
Um cheiro de bogari, um cheiro de varanda carioca balançou
[no ar...

Vinha não sei de onde o murmúrio de um córrego tranquilo,
escorregando como um lagarto pela terra molhada.
A sombra vertia uma frescura de folhas úmidas.
Um vaga-lume grosso correu no mato. Queimou-se no sereno.
Eu fiquei olhando uma porção de coisas doces, maternais.
Eu fiquei olhando, longo tempo, o céu da noite chilena, as
[quatro estrelas de um cruzeiro
[pendurado fora do lugar...

Toda a América (1926)

ÉPURA

Geometrias, imaginações destes caminhos da minha terra!
Curvas de trilhas,
triângulos de asas,
bolas de cor...

Círculos de sombras agachadas entre as árvores,
cilindros de troncos embebidos na luz.

Geometrias, imaginações destes caminhos da minha terra!

Melancolicamente, nesta alegria geométrica,
pingando bilhas polidas,
o leque das bananeiras abana o ar da manhã.

Jogos pueris (1926)

MEIO-DIA

Choque de claridades
Palmas paradas
Brilhos saltando nas pedras enxutas.
Batendo de chofre na luz
as andorinhas levam o sol na ponta das asas!

Ibidem

O MERCADO DE PRATA, DE OURO E ESMERALDA

Cheira a mar! cheira a mar!
As redes pesadas batem como asas,
as redes úmidas palpitam no crepúsculo.
A praia lisa é uma cintilação de escamas...

Pulam raias negras no ouro da areia molhada,
o aço das tainhas faísca em mãos de ébano e bronze.
Músculos, barbatanas, vozes e estrondos, tudo se mistura,
tudo se mistura no chiar da espuma que ferve nas pedras.

Cheira a mar!

O corno da lua nova brinca na crista da onda.

E entre as algas moles e os peludos mariscos,
onde se arrastam caranguejos de patas denticuladas,
e onde bole o olho gelatinoso das lulas flexíveis,
diante da rede imensa da noite carregada de estrelas,
na livre melodia das águas e do espaço,
entupido de ar, profético, timpânico,
estoura orgulhosamente o papo de um baiacu...

Ibidem

Menotti Del Picchia

Menotti Del Picchia (1892-1988), paulista, estreia com livro de poesia em 1913. Jornalista de prestígio, empenhou-se em polêmicas em defesa da Semana. Adotou o ufanismo e o primitivismo nacionalista do Verde-amarelismo liderado por Plínio Salgado, com Cassiano Ricardo e Cândido Mota Filho. Sua poesia, de base tradicional, mostra poucos sinais de vanguardismo; mas em *Juca Mulato* (1917), obra de extraordinária popularidade, já é uma espécie de precursor. O tardio *O Deus sem rosto* (1968), surpreendentemente, contém os mais modernistas de seus poemas. Principais livros: *Chuva de pedra* (1924), *República dos Estados Unidos do Brasil* (1928), *Jesus* (1933), *O Deus sem rosto* (1968) e *Noturno* (1970).

JUCA MULATO

(Fragmento)

III

E Mulato parou.
                    Do alto daquela serra,
cismando, o seu olhar era vago e tristonho:
"Se minha alma surgiu para a glória do sonho,
o meu braço nasceu para a faina da terra".

Reviu o cafezal, as plantas alinhadas,
todo o heroico labor que se agita na empreita,
palpitou na esperança imensa das florestas,
pressentiu a fartura enorme da colheita...

Consolou-se depois: "O Senhor jamais erra...
Vai! Esquece a emoção que na alma tumultua.
Juca Mulato! volta outra vez para a terra,
procura o teu amor numa alma irmã da tua.

Esquece calmo e forte. O destino que impera
um recíproco amor às almas todas deu.
Em vez de desejar o olhar que te exaspera,
procura esse outro olhar, que te espreita e te
espera,
que há por certo um olhar que espera pelo teu..."

Juca Mulato (1917)

OS LADRÕES

Eles não precisam daquilo,
são fortes e bem-vestidos,
mas têm em conta o dever profissional,
e, depois, há o regime econômico,
o gosto do risco, a força do sangue...
Então, com técnica perfeita,
invisíveis e sem fazer ruído,
serram a veneziana
e saltam um a um, como bolas de borracha.
E o velho que não dorme por causa da asma,
levanta-se de camisola branca.
Acende a luz e dá um urro!

E os ladrões, mortos de susto,
fogem lépidos e profissionais
e evaporam-se na noite.

Chuva de pedra (1924)

O DISCURSO

Naquele piquenique
o rábula Higino,
sem escovar o fraque,
sem largar o guarda-chuva,
trepou na mesa de caixotes,
derramou com o borzeguim uma garrafa de cerveja,
olhou para cima,
sorveu inebriantes nesgas de céu,
bebeu duas gargalaçadas de sol,

vibrou de brasilidade,
deitou verbo
e rematou:
"Nossa pátria é a maior terra do mundo!
A Europa curvou-se ante o Brasil
e aclamou parabéns em meigo tom!"

Marotti, Calfat e Kochiusko
aplaudiram freneticamente.

Só o Ramirez resmungou alguma coisa,
mas um bando de periquitos
sufocou o protesto com uma assuada.

República dos Estados Unidos do Brasil (1928)

O ESPELHO

É um retângulo de luar esquecido no quarto
que a lua não recolheu na sua pressa noturna.
Imitador como um plagiário
decalca servilmente a imagem que reflete.
Não tem memórias. Não guarda
na sua glacial retina indiferente
o brilho de um olhar e a flor de um gesto.
Entretanto
o corpo núbil dela deu-lhe estátuas
miraculosamente lindas!

Chuva de pedra (1924)

O CADÁVER DO ANJO

Sob os destroços do avião estava esmagado o anjo.

Os homens de Canaveral
concluíram que era um habitante de um planeta morto.

As asas de penas e a estrutura de pássaro
eram porém de uma ave-monstro
com o rosto de um jovem lindo
de olhos tão azuis como a poeira celeste
que envolvia seu fluido cadáver.

Os sábios se orgulhavam de haver destroçado o céu
e feito debandar os anjos.

Este, porém, viera protestar contra a invasão do seu reino
e denunciar que os homens estavam assassinando mitos e sonhos.

Batera na asa do jato supersônico que frechava para a lua
e ambos
o Ícaro bélico e o Mensageiro dos deuses
rolaram no espaço
e se espatifaram na lama.

O Deus sem rosto (1968)

PÊNDULO

O dia envelhece.

O cansaço da tarde
estende-o na cama horizontal do crepúsculo.

Dorme.

No escuro silêncio que lhe embala o sono
tem sonhos de estrelas.

Pela manhã o galo o acorda.

Salta do leito reimergido na infância
e brinca de sol na ressurreição matinal de todas as coisas.

E o relógio do Tempo
dia e noite
dia e noite
dia e noite
dia e noite
vai tecendo a eternidade.

Ibidem

MENSAGEM

É inútil meu cântico.

Os homens não têm ouvido
para a linguagem das pedras.

Meu mundo é história.

Meus irmãos viraram estátuas.

Os velhos poemas
são hieróglifos que os bárbaros
decifrarão com instrumentos eletrônicos.

No fim se convencerão
que ontem e hoje serão sempre a mesma coisa
e, espantados,
verão que também nós tínhamos
beleza e esperança.

Ibidem

BAIRRO DA LUZ

Estão incendiando todas as casas
do bairro com as últimas brasas
do poente de cobre.

Jardim da Luz.
                    Uma sabrada de sol faísca sobre
o casco de um bombeiro
que apaga um incêndio tantálico
no olhar de uma mucama de azeviche
negra e bela como um bárbaro fetiche.

Apita um trem que vai partir para o Nordeste.

Com um fino golpe metálico
um clarim acutila a tarde azul-celeste.

Ibidem

LUNIK

Silente
Selene
sonâmbula
noiva branca
vestida de tule
pisando nas nuvens
com pés de alva neve
cascalho de estrelas.

Meta de anseios
e sonhos.

Na noite numênica
embalas meu anjo.

Virgem imaculada.

Bruscamente
– camélia noturna –
o torpe amor do homem
cospe em tua cútis
com lábios de fogo
seu beijo de lama.

Ibidem

Jorge de Lima

Jorge de Lima (1893-1953), médico alagoano, estreia com livro de poesia em 1914. O movimento nordestino de Gilberto Freyre e José Lins do Rego acarretaria sua adesão à vertente regionalista, tendendo ao folclórico, ao canto do passado e da infância. O livro *Poemas* (1927) já seria modernista. Em *Novos poemas* (1928) figurou "Essa negra Fulô", sua mais famosa criação. Aproximando-se de Murilo Mendes e de Ismael Nery, seria um poeta para poetas, com sua sofisticada arte católica e de ressonâncias bíblicas. Principais livros: *Poemas* (1927), *Novos poemas* (1928), *A túnica inconsútil* (1938), *Poemas negros* (1947), *Anunciação e encontro de Mira-Celi* (publicado na *Obra poética*, 1950) e *Invenção de Orfeu* (1952).

AVE!

Ave! jequitibás, sapopembas imensas,
gameleiras, jucás, canafístulas, paus-
-brasis – absalões de cabelos suspensos,
iguais àqueles que aos outros
vencem com a força, ensombrando o destino da gente.
A teus pés há tanta planta bonita,
há tanta flor namorada,
há tanta seiva emotiva
nos caules adolescentes,
na promessa das sementes...
Há tanta sombra bucólica,
há tanta flor namorada,
há tanto pólen cativo
nas flores rubras,
e que vós, jequitibás,
sapopembas, gameleiras,
e vós, jucás venerandos
do passado brasileiro,
nunca havereis de oferecer ao sol!

Poemas (1927)

NORDESTE

Nordeste, terra de São Sol!
Irmã enchente, vamos dar graças a Nosso Senhor,
que a minha madrasta Seca torrou seus anjinhos
para os comer.
São Tomé passou por aqui?
Passou, sim senhor!
Pajeú! Pajeú!

Vamos lavar Pedra Bonita, meus irmãos,
com o sangue de mil meninos, amém!
D. Sebastião ressuscitou!
S. Tomé passou por aqui?
Passou, sim senhor.
Terra de Deus! Terra de minha bisavó
que dançou uma valsa com D. Pedro II.
São Tomé passou por aqui?
Tranca a porta, gente, Cabeleira aí vem!
Sertão! Pedra Bonita!
Tragam uma virgem para D. Lampião!

Poemas escolhidos (1932)

MULHER PROLETÁRIA

Mulher proletária – única fábrica
que o operário tem, (fábrica de filhos)
tu
na tua superprodução de máquina humana
forneces anjos para o Senhor Jesus,
forneces braços para o senhor burguês.

Mulher proletária,
o operário, teu proprietário
há de ver, há de ver:
a tua produção,
a tua superprodução,
ao contrário das máquinas burguesas,
salvar teu proprietário.

Ibidem

DEMOCRACIA

Punhos de redes embalaram o meu canto
para adoçar o meu país, ó Whitman.
Jenipapo coloriu o meu corpo contra os maus-olhados,
catecismo me ensinou a abraçar os hóspedes,
carumã me alimentou quando eu era criança,
Mãe-negra me contou histórias de bicho,
moleque me ensinou safadezas,
massoca, tapioca, pipoca, tudo comi,
bebi cachaça com caju para limpar-me,
tive maleita, catapora e ínguas,
bicho-de-pé, saudade, poesia;
fiquei aluado, mal-assombrado, tocando maracá,
dizendo coisas, brincando com as crioulas,
vendo espíritos, abusões, mães-d'água,
conversando com os malucos, conversando sozinho,
emprenhando tudo que encontrava,
abraçando as cobras pelos matos,
me misturando, me sumindo, me acabando,
para salvar a minha alma benzida
e meu corpo pintado de urucu,
tatuado de cruzes, de corações, de mãos-ligadas,
de nomes de amor em todas as línguas de branco, de mouro ou
[de pagão.

Poemas negros (1947)

POEMA DE ENCANTAÇÃO

Arraial d'Angola de Paracatu,
Arraial de Mossámedes de Goiás,
Arraial de Santo Antonio do Bambé,

vos ofereço, quibebe, quiabo, quitanda, quitute, quingombô.
Tirai-me essa murrinha, esse gôgo, esse urufá,
que eu quero viver molecando, farreando, tocando meus ganzás!

Arroio dos Quilombolas de Palmares,
Arroio do Desemboque do Quizongo,
Arroio do Exu do Bodocô,
vos ofereço maconha de pito, quitunde, quibembe, quingombô.
Assim, sim!
Arraial d'Angola de Paracatu,
Arraial do Campo de Goiás,
Arraial do Exu do Aussá,
vos ofereço quisama, quinanga, quilengue, quingombô.
Tomai acaçá, abará, aberém, abaú!
Assim, sim!
Tirai-me essa murrinha, esse gôgo, esse urufá!
Vos ofereço quitunde, quitumba, quelembe, quingombô.

Ibidem

A PLANÍCIE E AS FLORES CARNÍVORAS

Era uma imensa planície sem começo, sem fim.
Nela corriam rios e cavalos, muitos cavalos brancos,
rios murmurejando, cavalos nitrindo doidos.
Uma velha tarde de mil séculos sem ocasos berrantes
circundava a planície.
Que doçura pacífica abrangia a planície!
Que solidão amiga havia entre os ginetes!
Como venciam os milênios essas bestas gigantes!
Como nascia o silêncio de seus rinchos de fogo!

E pairando no tempo uma voz sussurrava.
Que voz era essa tão presente e tão forte?
Não desejeis saber, a força humana não pode.

Mas no além da planície
uma noite existia abraçando a floresta,
a floresta, Senhor, uma floresta morna
onde o teu inimigo semeou carnes brancas
de princesas banidas, de mulheres raríssimas
fechando as pálpebras para mim.
Quando deixei a floresta, Senhor,
na planície só havia grandes flores carnívoras.
Os abutres tinham descido sobre os cavalos brancos.
A noite tinha caído sobre o suor dos rios.

Tempo e eternidade (1935)

AS PALAVRAS DE DESPEDIDA

E ouvirás em cada século que passa
um ruído que se perde no tempo;
e o último cometa que apenas passou ontem;
e os oceanos renovarem suas águas muitas vezes.
Verás várias constelações te enviarem seus raios e se extinguirem
[depois.
Confrontarás tua infância com a dos filhos do Sol.
Reconhecerás as estrelas que te jogaram pedras
quando eras um simples homem nos caminhos da vida.
Recensearás como Abraão os astros que puderes contar.
Contemplarás a morte prematura das luas
e a vida misteriosa das estrelas.
Reconstituirás o jogo da criação e o trono da primeira mulher.

Avistarás centenas de milhões de eclipses se produzirem
[simultaneamente.
E centenas de milhões de labaredas em espiral subirem até o trono
[do Mestre.
E te lembrarás que eras um pobre esquimó entre o gelo da terra
e a última noite que te libertou do mundo.

A túnica inconsútil (1938)

36

Mas acontece que fico muitas vezes
denunciado por inúmeros flagrantes.
Reconhecem-me de longe
evidenciado por troféus e trapos,
pelas minhas quedas, meus triunfos,
pela minha cauda de bobo e meu sudário.

Sento-me e vejo que estou sobre
as sepulturas de meus antepassados;
ossos quebrados,
cinzas de ossos, humos propícios
aos insetos subterrâneos de olhos vagos.

Pendem de meus dois flancos:
enforcados, dementes, surdos-mudos,
órfãos de guerra, pretos escravos,
reis libertinos, prostitutas, negras
e até aves sem ninho e pombas cegas.

Debalde procuro alívio em Mira-Celi;
também a profanei e a enterrei viva
num recanto de céu entre as estrelas.

Anunciação e encontro de Mira-Celi (1950)

CANTO I
FUNDAÇÃO DA ILHA

(Fragmento)

XV

A garupa da vaca era palustre e bela,
uma penugem havia em seu queixo formoso;
e na fronte lunada onde ardia uma estrela
pairava um pensamento em constante repouso.

Esta a imagem da vaca, a mais pura e singela,
que do fundo do sonho eu às vezes esposo
e confunde-se à noite à outra imagem daquela
que ama me amamentou e jaz no último pouso.

Escuto-lhe o mugido – era o meu acalanto,
e seu olhar tão doce inda sinto no meu:
o seio e o ubre natais irrigam-me em seus veios.

Confundo-os nessa ganga informe que é meu canto:
semblante e leite, a vaca e a mulher que me deu
o leite e a suavidade a manar de dois seios.

Invenção de Orfeu (1952)

Cassiano Ricardo

Cassiano Ricardo (1895-1974), paulista, estreia com livro de poesia em 1915. Em *Vamos caçar papagaios* (1926) aderiu ao Modernismo e chegou ao ponto máximo em *Martim Cererê* (1928), sua mais célebre obra, até hoje reeditada. Fundou a revista *Novíssima* em 1924, na qual escreveria poemas e ensaios em louvor do bandeirismo paulista e do Estado Novo. Ao tornar-se integralista, participou ativamente dos grupos Verde-amarelo e Anta, com Menotti Del Picchia, Cândido Mota Filho e Plínio Salgado. Em constante atualização formal, prendeu-se a temas recorrentes: a infância, a violência e o conflito, o país, a paisagem. Principais livros: *Vamos caçar papagaios* (1926), *Martim Cererê* (1928), *O sangue das horas* (1943), *Jeremias sem-chorar* (1964) e *Os sobreviventes* (1971).

Nota: Na impossibilidade de obter cessão dos direitos autorais, deixamos de incluir em nossa primeira escolha os poemas "Relâmpago", "Lua cheia", "Serenata sintética" e "A ilha de fogo".

LADAINHA

Por que o raciocínio,
os músculos, os ossos?
A automação, ócio dourado.
O cérebro eletrônico, o músculo
mecânico
mais fáceis que um sorriso.

Por que o coração?
O de metal não tornará o homem
mais cordial,
dando-lhe um ritmo extra-
corporal?

Por que levantar o braço
para colher o fruto?
A máquina o fará por nós.
Por que labutar no campo, na cidade?
A máquina o fará por nós.
Por que pensar, imaginar?
A máquina o fará por nós.
Por que fazer um poema?
A máquina o fará por nós.
Por que subir a escada de Jacó?
A máquina o fará por nós.

Ó máquina, orai por nós.

Jeremias sem-chorar (1964)

OS 7 CEGOS DA BABILÔNIA

1

O que se esconde atrás do espelho.
Pés sujos
de guerra
e terra.

2

O que, atacado de corderrosismo,
não vê
o abismo.

3

O que não ouve
a flauta em que Pã anuncia
a manhã
de todos.

4

O que imagina entrar no céu,
as mãos no bolso, um pássaro bobo
na aba
do chapéu.

5

O que ouviu a sereia da facilidade
automática.

6

O que está junto do seu irmão
mas separado por um olho
de vidro.

7

O que esqueceu Deus e as crianças
em seu jogo
com fogo.

Ibidem

CAVALO NO JARDIM

1

Uma silhueta branca branca
de um cavalo de Troia.
Entre a papoula, o girassol
e o jasmim.
Quase oculto. A metade do corpo.
Só as patas, só o queixo
mastigando relva.
Uma cintilação de meia-lua
crua, num casco.
E um surdo coice quase
em forma de foice.
Coisa tão bruta
que não faz nascer nenhuma
fonte.

2

Sabe-se que é um cavalo
branco
no jardim, mais nada.
Não se sabe como.

Mas ninguém pense
que a cidade grande
é um cavalo de vidro
deitado na relva.

Ibidem

INTERROGAÇÕES

O terrorista não será, porventura,
um aterrorizado?
O seu terror não será uma forma
de amor?

Amor a uma ideia, a uma flâmula
e – se Jim Crow – amor à sua cor?

Um petardo que hoje quebra o muro
não será amanhã uma flor?

Deus não fustiga os pecadores com
o terror
e com o relâmpago dessa sua forma
de amor?

A bíblia do Senhor para admoestar
as suas mais-que-frágeis criaturas
não é a do terror?

Não foi com um chicote em punho
que Deus se fez homem
(tão homem quanto (hoje) um homem
for)

pra expulsar os vendilhões do tem-
plo
pelo terror?
Ou pela santidade do terror?

Terrível, mas, no quadro das culpas,
a dinamite faz o terrorista
sonhar com o prêmio Nobel.
Maior terror não é o que, hoje,
paira sobre nós com a perspectiva
da destruição nuclear
num luxo
asiático
lunático?

Ibidem

TRANSLAÇÃO

Ibidem

PRECE CÓSMICA

– que os 4
como num teatro,
conservem a mão
sem nenhum
gesto

– que o vinho quente
do coração
lhes suba à cabeça
espessa

– que do bolso de
cada um dos
4
como num teatro

voem

pombas

(pombas
brancas)

... e amanheça.

Os sobreviventes (1971)

SABIÁ FLAUTEADOR

(*Pássaro Verdadeiro*)

sabiá que cantas
em oculta
            pauta
da laranjeira

   és tu mesmo
sabiá vespertino
ou alguém que toca

                  flauta

em teu lugar
    pra enganar
    o menino

Ibidem

AS ANDORINHAS DE ANTÔNIO NOBRE

– Nos
– fios
– ten
  sos

– da
– pauta
– de me-
  tal
– as
– an/
  do/
  ri/
  nhas
– gri-
  tam

– por
– fal/
  ta/
– de u-
  ma
– cl'a-
  ve
– de
– sol

Ibidem

LÂMPADA DO OPERÁRIO

o rosto
do dia
numa estampa
de ouro
alegria
e sair cedo

com gosto
de café
na boca
e orvalho
na rosa

o povo
de novo
na rua
– seu sistema
planetário
diário.

a estrela-
-d'alva
lâmpa-
da na mão
do operário.

Ibidem

Guilherme de Almeida

Guilherme de Almeida (1890-1969), paulista, estreia com livro de poesia em 1917. Já era poeta reconhecido quando participou da Semana. Foi um de seus arautos, com Menotti Del Picchia e Cândido Mota Filho, todos jornalistas renomados. Mas a nova estética pouco penetraria sua produção. Artífice do verso burilado, sua arte poética mostra virtuosismo e intimidade com os mecanismos líricos da língua portuguesa. Ao atualizar seus poemas à maneira mais recente, mas mantendo rima e métrica, publicou três livros no mesmo ano de 1925. Após longo intervalo, compôs poesia mais tradicional pela vida afora. Principais livros: *A frauta que eu perdi* (1924), *Meu* (1925), *Raça* (1925), *Encantamento* (1925), *O anjo de sal* (1951) e *Rua* (1961).

O DOMADOR

Todas as vozes amáveis da natureza
moram no bojo da minha frauta.

Eu recosto a cabeça
ao tronco familiar desta árvore alta:
e de dentro da cana rústica
o meu sopro tira uma música
que encanta o rio que corre
como uma serpente mole,
e faz dançar as estrelas
como uma ronda de abelhas.
E até
esta pequena sombra,
toda negra e malhada de sol, rola e tomba
como um tigre doméstico a meus pés.

A frauta que eu perdi (1924)

MAXIXE

O chocalho dos sapos coaxa
como um caracaxá rachado. Tudo mexe.
Um vento frouxo enlaça uma nuvem baixa
fofa. E desce com ela, desce.
E não a deixa e puxa-a como uma faixa
e espicha-a e enrolam-se. E o feixe rola
e rebola como uma bola
na luz roxa
da tarde oca

boba

chocha.

Meu (1925)

MORMAÇO

Calor. E as ventarolas das palmeiras
e os leques das bananeiras
abanam devagar
inutilmente na luz perpendicular.
Todas as coisas são mais reais, são mais humanas:
não há borboletas azuis nem rolas líricas.
Apenas as taturanas
escorrem quase líquidas
na relva que estala como um esmalte.
E longe uma última romântica
– uma araponga metálica – bate
o bico de bronze na atmosfera timpânica.

Ibidem

CARTAZ

Paisagem nítida de decalcomania.
No arrabalde novo todo cheio de dia
os bangalôs apinham-se como cubos brancos.
Nos jardins, sobre os bancos
de travessas verdes e paralelas,
o sol e as folhas jogam bolas amarelas.

Os grandes toldos listados e baixos
põem uma luz estilizada nos terraços.
A sombra forte decalca rigorosamente
as pérgolas geométricas sobre a areia quente.
E pregada no dia branco a paisagem colonial
grita violentamente
como um cartaz moderno num muro de cal.

Ibidem

CANTIGA DAS RIMAS PAUPÉRRIMAS

Pobre cantiga prevista
sem ritmo novo nenhum,
sem uma rima imprevista
e sem pensamento algum.

Cantiga sem interesse
que alguém fez para ninguém,
com todo o desinteresse,
e em que ninguém sente alguém.

Pobre cantiga sem gosto,
sempre a mesma, sempre igual,
sem prazer e sem desgosto,
sem nada bem desigual.

Ó cantiga indiferente,
sem motivo e sem um fim,
sem nada de diferente,
de bom ou de mau, enfim!

Minha cantiga... Portanto,
pobre cantiga infeliz,
tão parecida, entretanto,
com minha vida feliz...

Você (1931)

GAROA

Por um mundo quase
aéreo, há um vago mistério.
Passa o Anjo de Gaze.

Poesia vária (1947)

DEFINIÇÃO DE POESIA

Aí está a rosa,
aí está o vaso,
aí está a água,
aí está o caule,
aí está a folhagem,
aí está o espinho,
aí está a cor,
aí está o perfume,
aí está o ar,
aí está a luz,
aí está o orvalho,
aí está a mão
(até a mão que colheu).
Mas onde está a terra?
Poesia não é a rosa.

O anjo de sal (1951)

ÁLIBI

Não estive presente
quando se perpetrou
o crime de viver:
quando os olhos despiram,
quando as mãos se tocaram,
quando a boca mentiu,
quando os corpos tremeram,
quando o sangue correu.
Não estive presente.
Estive fora, longe
do mundo, no meu mundo
pequeno e proibido
que embrulhei e amarrei
com cordéis apertados
de meridianos meus
e de meus paralelos.
Os versos que escrevi
provam que estive ausente.

Eu estou inocente.

Ibidem

RUA

A rua mastiga
os homens: mandíbulas
de asfalto, argamassa,
cimento, pedra e aço.

A rua deglute
os homens: e nutre
com eles seu sôfrego,
onívoro esôfago.

A rua digere
os homens: mistério
dos seus subterrâneos
com cabos e canos.

A rua dejeta
os homens: o poeta,
o agiota, o larápio,
o bêbado e o sábio

Rua (1961)

Manuel Bandeira

Manuel Bandeira (1886-1968), pernambucano radicado no Rio, estreia com livro de poesia em 1917. Varando as décadas, seria a mais alta voz lírica da poesia modernista. Tuberculoso na juventude, andou por sanatórios, até mesmo na Suíça, e fez da intimidade com a morte um de seus temas centrais. Não esteve presente na Semana de Arte Moderna, embora fosse ponto alto a declamação de seu poema zombando do Parnasianismo, "Os sapos". São marcas pessoais o tom em surdina e a extrema habilidade no emprego do coloquial. Principais livros: *Carnaval* (1919), *Ritmo dissoluto* (1924), *Libertinagem* (1930), *Estrela da manhã* (1936), *Lira dos cinquent'anos* (1940), *Opus 10* (1949) e *Estrela da tarde* (1960).

OS SAPOS

Enfunando os papos,
Saem da penumbra,
Aos pulos, os sapos.
A luz os deslumbra.

Em ronco que aterra,
Berra o sapo-boi:
– "Meu pai foi à guerra!"
– "Não foi!" – "Foi!" – "Não foi!"

O sapo-tanoeiro,
Parnasiano aguado,
Diz: – "Meu cancioneiro
É bem martelado.

Vede como primo
Em comer os hiatos!
Que arte! E nunca rimo
Os termos cognatos.

O meu verso é bom
Frumento sem joio.
Faço rimas com
Consoantes de apoio.

Vai por cinquenta anos
Que lhes dei a norma:
Reduzi sem danos
A fôrmas a forma.

Clame a saparia
Em críticas céticas:
Não há mais poesia,
Mas há artes poéticas..."

Urra o sapo-boi:
– "Meu pai foi rei" – "Foi!"
– "Não foi!" – "Foi!" – "Não foi!"

Brada em um assomo
O sapo-tanoeiro:
– "A grande arte é como
Lavor de joalheiro.

Ou bem de estatuário.
Tudo quanto é belo,
Tudo quanto é vário,
Canta no martelo."

Outros, sapos-pipas
(Um mal em si cabe),
Falam pelas tripas:
– "Sei!" – "Não sabe!" – "Sabe!"

Longe dessa grita,
Lá onde mais densa
A noite infinita
Verte a sombra imensa;

Lá, fugido ao mundo,
Sem glória, sem fé,
No perau profundo
E solitário, é

Que soluças tu,
Transido de frio,
Sapo-cururu
Da beira do rio...

Carnaval (1919)

O CACTO

Aquele cacto lembrava os gestos desesperados da estatuária:
Laocoonte constrangido pelas serpentes,
Ugolino e os filhos esfaimados.
Evocava também o seco Nordeste, carnaubais, caatingas...
Era enorme, mesmo para esta terra de feracidades excepcionais.

Um dia um tufão furibundo abateu-o pela raiz.
O cacto tombou atravessado na rua,
Quebrou os beirais do casario fronteiro,
Impediu o trânsito de bondes, automóveis, carroças,
Arrebentou os cabos elétricos e durante vinte e quatro horas privou
[a cidade de iluminação e energia:

– Era belo, áspero, intratável.

Libertinagem (1930)

PNEUMOTÓRAX

Febre, hemoptise, dispneia e suores noturnos.
A vida inteira que podia ter sido e que não foi.
Tosse, tosse, tosse.

Mandou chamar o médico:
– Diga trinta e três.
– Trinta e três... trinta e três... trinta e três...
– Respire.

....

– O senhor tem uma escavação no pulmão esquerdo e o pulmão
[direito infiltrado.
– Então, doutor, não é possível tentar o pneumotórax?
– Não. A única coisa a fazer é tocar um tango argentino.

Ibidem

VOU-ME EMBORA PRA PASÁRGADA

Vou-me embora pra Pasárgada
Lá sou amigo do rei
Lá tenho a mulher que eu quero
Na cama que escolherei
Vou-me embora pra Pasárgada

Vou-me embora pra Pasárgada
Aqui eu não sou feliz
Lá a existência é uma aventura
De tal modo inconsequente
Que Joana a Louca de Espanha
Rainha e falsa demente
Vem a ser contraparente
Da nora que nunca tive

E como farei ginástica
Andarei de bicicleta
Montarei em burro brabo
Subirei no pau de sebo
Tomarei banhos de mar!
E quando estiver cansado
Deito na beira do rio
Mando chamar a mãe-d'água
Pra me contar as histórias

Que no tempo de eu menino
Rosa vinha me contar
Vou-me embora pra Pasárgada

Em Pasárgada tem tudo
É outra civilização
Tem um processo seguro
De impedir a concepção
Tem telefone automático
Tem alcaloide à vontade
Tem prostitutas bonitas
Para a gente namorar

E quando eu estiver mais triste
Mas triste de não ter jeito
Quando de noite me der
Vontade de me matar
– Lá sou amigo do rei –
Terei a mulher que eu quero
Na cama que escolherei
Vou-me embora pra Pasárgada.

Ibidem

POÉTICA

Estou farto do lirismo comedido
Do lirismo bem-comportado
Do lirismo funcionário público com livro de ponto expediente
[protocolo e manifestações de apreço ao sr. diretor

Estou farto do lirismo que para e vai averiguar no dicionário o cunho
[vernáculo de um vocábulo

Abaixo os puristas

Todas as palavras sobretudo os barbarismos universais
Todas as construções sobretudo as sintaxes de exceção
Todos os ritmos sobretudo os inumeráveis

Estou farto do lirismo namorador
Político
Raquítico
Sifilítico
De todo lirismo que capitula ao que quer que seja fora de si mesmo.

De resto não é lirismo
Será contabilidade tabela de cossenos secretário do amante exemplar
[com cem modelos de cartas e as diferentes maneiras
[de agradar às mulheres, etc.
Quero antes o lirismo dos loucos
O lirismo dos bêbedos
O lirismo difícil e pungente dos bêbedos
O lirismo dos clowns de Shakespeare

– Não quero mais saber do lirismo que não é libertação.

Ibidem

BALADA DAS TRÊS MULHERES DO SABONETE ARAXÁ

As três mulheres do sabonete Araxá me invocam, me bouleversam,
[me hipnotizam.
Oh, as três mulheres do sabonete Araxá às 4 horas da tarde!
O meu reino pelas três mulheres do sabonete Araxá!

Que outros, não eu, a pedra cortem
Para brutais vos adorarem,
Ó brancaranas azedas,
Mulatas cor da lua vem saindo cor de prata
Ou celestes africanas:
Que eu vivo, padeço e morro só pelas três mulheres do sabonete
[Araxá!

São amigas, são irmãs, são amantes as três mulheres do sabonete
[Araxá?
São prostitutas, são declamadoras, são acrobatas?
São as três Marias?

Meu Deus, serão as três Marias?

A mais nua é doirada borboleta.
Se a segunda casasse, eu ficava safado da vida, dava pra beber e nunca
[mais telefonava.
Mas se a terceira morresse... Oh, então, nunca mais a minha vida
[outrora teria sido um festim!

Se me perguntassem: Queres ser estrela? queres ser rei? queres uma
[ilha no Pacífico? um bangalô em Copacabana?
Eu responderia: Não quero nada disso, tetrarca. Eu só quero as
[três mulheres do sabonete Araxá:
O meu reino pelas três mulheres do sabonete Araxá!

Estrela da manhã (1936)

MOMENTO NUM CAFÉ

Quando o enterro passou
Os homens que se achavam no café
Tiraram o chapéu maquinalmente
Saudavam o morto distraídos
Estavam todos voltados para a vida
Absortos na vida
Confiantes na vida.

Um no entanto se descobriu num gesto largo e demorado
Olhando o esquife longamente
Este sabia que a vida é uma agitação feroz e sem finalidade
Que a vida é traição
E saudava a matéria que passava
Liberta para sempre da alma extinta.

Ibidem

ÁGUA-FORTE

O preto no branco,
O pente na pele:
Pássaro espalmado
No céu quase branco.

Em meio do pente,
A concha bivalve
Num mar de escarlata.
Concha, rosa ou tâmara?

No escuro recesso,
As fontes da vida
A sangrar inúteis
Por duas feridas.

Tudo bem oculto
Sob as aparências
Da água-forte simples:
De face, de flanco,
O preto no branco.

Lira dos cinquent'anos (1940)

CONSOADA

Quando a Indesejada das gentes chegar
(Não sei se dura ou caroável),
Talvez eu tenha medo.
Talvez sorria, ou diga:
– Alô, iniludível!
O meu dia foi bom, pode a noite descer.
(A noite com os seus sortilégios.)
Encontrará lavrado o campo, a casa limpa,
A mesa posta,
Com cada coisa em seu lugar.

Opus 10 (1952)

Mário de Andrade

Mário de Andrade (1893-1945), paulista da capital, que cantou como nenhum outro, estreia com livro de poesia em 1917. Sua primeira obra modernista foi *Pauliceia desvairada* (1922). Foi um dos organizadores da Semana de Arte Moderna, na qual palestrou e recebeu muitas vaias. Teórico do Modernismo, além da obra pessoal, consagrou-se à militância jornalística, institucional e epistolar. Com *Macunaíma* (1928), atingiu o apogeu da prosa modernista. Praticou uma poesia de andamentos dilatados e poemas extensos, voltada para a meditação. Principais livros: *Pauliceia desvairada* (1922), *Losango cáqui* (1926), *Clã do jabuti* (1927), *Remate de males* (1930), *Poesias* (1941) e *Poesias completas* (1966).

INSPIRAÇÃO

Onde até na força do verão havia
tempestades de ventos e frios de
crudelíssimo inverno.

Fr. Luís de Sousa

São Paulo! comoção de minha vida...
Os meus amores são flores feitas de original!...
Arlequinal!... Traje de losangos... Cinza e ouro...
Luz e bruma... Forno e inverno morno...
Elegâncias sutis sem escândalos, sem ciúmes...
Perfumes de Paris... Arys!
Bofetadas líricas no Trianon... Algodoal!...

São Paulo! comoção de minha vida...
Galicismo a berrar nos desertos da América!

Pauliceia desvairada (1922)

O "ALTO"

Tudo esquecido na cerração.

... um-dois, um-dois, um-dois, um-dois, um-dois,
um-dois, um-dois, um-dois
                                                    ÁRVORE
um-dois, um-dois, um-dois, um-dois,
um-dois
        ÁRVORE
                        um-dois, um-dois, um-
                                                                  ÁRVORE
                                                                          dois,

um-dois, um-dois, um-dois, um-dois,
um-dois
PRIMEIRO APITO
um-dois,
um-dois,
um:
– prraá.

– Cutuba!

Losango cáqui (1926)

TOSTÃO DE CHUVA

Quem é Antônio Jerônimo? É o sitiante
Que mora no Fundão
Numa biboca pobre. É pobre. Dantes
Inda a coisa ia indo e ele possuía
Um cavalo cardão.
Mas a seca batera no roçado...
Vai, Antônio Jerônimo um belo dia
Só por debique de desabusado
Falou assim: "Pois que nosso padim
Pade Ciço que é milagreiro, contam,
Me mande um tostão de chuva pra mim!"
Pois então nosso "padim" padre Cícero
Coçou a barba, matutando, e disse:
"Pros outros mando muita chuva não,
Só dois vinténs. Mas pra Antônio Jerônimo
Vou mandar um tostão".
No outro dia veio uma chuva boa
Que foi uma festa pros nossos homens
E o milho agradeceu bem. Porém
No Fundão veio uma trovoada enorme

Que num átimo virou tudo em lagoa
E matou o cavalo de Antônio Jerônimo.
Matou o cavalo.

Clã do jabuti (1927)

EU SOU TREZENTOS...

Eu sou trezentos, sou trezentos-e-cinquenta,
As sensações renascem de si mesmas sem repouso,
Ôh espelhos, ôh Pireneus! ôh caiçaras!
Se um deus morrer, irei no Piauí buscar outro!

Abraço no meu leito as melhores palavras,
E os suspiros que dou são violinos alheios;
Eu piso a terra como quem descobre a furto
Nas esquinas, nos táxis, nas camarinhas seus próprios beijos!

Eu sou trezentos, sou trezentos-e-cinquenta,
Mas um dia afinal me encontrarei comigo...
Tenhamos paciência, andorinhas curtas,
Só o esquecimento é que condensa,
E então minha alma servirá de abrigo.

Remate de males (1930)

POEMAS DA AMIGA

(Fragmento)

V

Contam que lá nos fundos do Grão Chaco
Mora o morubixaba chiriguano Caiuari,

Nas terras dele nenhum branco não entrou.
São planos férteis que passam a noite dormindo
Na beira dum lagoão calmo de garças.
Enorme gado pasta ali, o milho plumeja nos cerros,
E os homens são todos bons lá onde o branco não entrou.

Nós iremos parar nesses desertos...
Viajando através de fadiga e miséria,
Os dias ferozes nós descansaremos abraçados,
Mas pelas noites suaves nossos passos nos levarão até lá.
E ao vivermos nas terras do morubixaba Caiuari,
Tudo será em comum, trabucaremos como os outros e por todos,
Não haverá hora marcada pra comer nem pra dormir,
Passaremos as noites em dança, e na véspera das grandes bebedeiras
Nos pintaremos ricamente a riscos de urucum e picumã.
Pouco a pouco olvidaremos as palavras de roubo, de insulto e mentira,
A terminologia das nações e da política,
E dos nossos pensamentos afinal desertarão as profecias.
Ôh, doce amiga, é certo que seríamos felizes
Na ausência deste calamitoso Brasil!...
Fecho os olhos... É pra não ver os gestos contagiosos...
Ando em verdades que deviam já não ser do tempo mais...
A nossa gente vai muito sofrer e trago o coração inquieto.

Ibidem

BRASÃO

Vem a estrela dos treze bicos,
Brasil, Coimbra, Guiné, Catalunha,
E mais a Bruges inimaginável
E a decadência dos Almeidas.

E sobre a estrela dos treze bicos
Pesa um coração mole
De prata coticada trezemente,
Em cujo campo há-de inscrever-se
"Eu sou aquele que veio do imenso rio".

E sobre o campo do meu coração,
Todo em zarcão ardendo,
Há em ouro a arca de Noé com vinte-e-nove bichos blau,
E a jurema esfolhando as folhas derradeiras
Sobre Mestre Carlos, o meu grande sinal.

E a seguir a trombeta, essa trombeta
Insiste pela Catalunha,
Mas desta vez eu que escolhi!
Ôh, meus amigos,
Perdão pelos séculos pesados de cicatrizes infinitas,
Perdão por todas as sabedorias,
Pela esfera armilar das conquistas insanas!
Essa trombeta eu que escolhi, toda de prata,
Com treze línguas de fogo na assustadora boca,
E a inscrição "Que-dele eles?",
Eles, os bandeirantes...
E falta o boi Paciência, o boi que pertence a Armida,
Traz por guampas os cornos da luna
E um peitoral de turmalinas.
Mas esse vem no outro coração mole,
Não se mostra a ninguém.
O boi Paciência serão treze preguiças assustadas,
No porto do imenso rio esperando,
Esperando pelos treze caminhos
Das mil cavernas das quarenta mil perguntas.

Ai, que eu vou me calar agora,
Não posso, não posso mais!

Ibidem

RITO DO IRMÃO PEQUENO

(Fragmento)

IX

A cabeça desliza com doçura,
E nas pálpebras entrecerradas
Vaga uma complacência extraordinária.

É pleno dia. O ar cheira a passarinho.
O lábio se dissolve em açúcares breves,
O zumbido da mosca embalança de sol.
... Assurbanipal...
A alma, à vontade,
Se esgueira entre as bulhas gratuitas,
Deixa a felicidade ronronar.

Vamos, irmão pequeno, entre palavras e deuses,
Exercer a preguiça, com vagar.

Poesias (1941)

Garoa do meu São Paulo,
– Timbre triste de martírios –
Um negro vem vindo, é branco!
Só bem perto fica negro,
Passa e torna a ficar branco.

Meu São Paulo da garoa,
– Londres das neblinas finas –
Um pobre vem vindo, é rico!
Só bem perto fica pobre,
Passa e torna a ficar rico.

Garoa do meu São Paulo,
– Costureira de malditos –
Vem um rico, vem um branco,
São sempre brancos e ricos...

Garoa, sai dos meus olhos.

Poesias completas (1966)

Quando eu morrer quero ficar,
Não contem aos meus inimigos,
Sepultado em minha cidade,
    Saudade.

Meus pés enterrem na rua Aurora,
No Paiçandu deixem meu sexo,
Na Lopes Chaves a cabeça
    Esqueçam.

No Pátio do Colégio afundem
O meu coração paulistano:
Um coração vivo e um defunto
    Bem juntos.

Escondam no Correio o ouvido
Direito, o esquerdo nos Telégrafos,
Quero saber da vida alheia,
        Sereia.

O nariz guardem nos rosais,
A língua no alto do Ipiranga
Para cantar a liberdade.
        Saudade...

Os olhos lá no Jaraguá
Assistirão ao que há-de vir,
O joelho na Universidade,
        Saudade...

As mãos atirem por aí,
Que desvivam como viveram,
As tripas atirem pro Diabo,
Que o espírito será de Deus.
        Adeus.

Ibidem

Cecília Meireles

Cecília Meireles (1901-1964), carioca, estreia com livro de poesia em 1919. Foi professora, escreveu para crianças, lutou pela educação pública; lecionou literatura brasileira no ensino superior. Sua poesia nunca foi dos extremos caros aos modernistas, sobretudo os da primeira geração. Neossimbolista, manteve uma voz própria, original, porque intimista e presa à tradição do lirismo luso-brasileiro, cortejando o evanescente, o etéreo, o impalpável. Mas o *Romanceiro da Inconfidência* (1953) teve ressonâncias históricas e políticas. Integrou o grupo da revista *Festa.* Principais livros: *Viagem* (1939), *Vaga música* (1942), *Mar absoluto* (1945), *Retrato natural* (1949), *Canções* (1956), *Metal rosicler* (1960), *Solombra* (1963) e *O estudante empírico* (1974).

EXPLICAÇÃO

A Alberto de Serpa

O pensamento é triste; o amor, insuficiente;
e eu quero sempre mais do que vem nos milagres.
Deixo que a terra me sustente:
guardo o resto para mais tarde.

Deus não fala comigo – e eu sei que me conhece.
A antigos ventos dei as lágrimas que tinha.
A estrela sobe, a estrela desce...
– espero a minha própria vinda.

(Navego pela memória
sem margens.

Alguém conta a minha história
e alguém mata os personagens.)

Vaga música (1942)

SUGESTÃO

Sede assim – qualquer coisa
serena, isenta, fiel.

Flor que se cumpre,
sem pergunta.

Onda que se esforça,
por exercício desinteressado.

Lua que envolve igualmente
os noivos abraçados
e os soldados já frios.

Também como este ar da noite:
sussurrante de silêncios,
cheio de nascimentos e pétalas.

Igual à pedra detida,
sustentando seu demorado destino.
E à nuvem, leve e bela,
vivendo de nunca chegar a ser.

À cigarra, queimando-se em música,
ao camelo que mastiga sua longa solidão,
ao pássaro que procura o fim do mundo,
ao boi que vai com inocência para a morte.

Sede assim qualquer coisa
serena, isenta, fiel.

Não como o resto dos homens.

Mar absoluto (1945)

PÁSSARO

Aquilo que ontem cantava
já não canta.
Morreu de uma flor na boca:
não do espinho na garganta.

Ele amava a água sem sede,
e, em verdade,
tendo asas, fitava o tempo,
livre de necessidade.

Não foi desejo ou imprudência:
não foi nada.
E o dia toca em silêncio
a desventura causada.

Se acaso isso é desventura:
ir-se a vida
sobre uma rosa tão bela,
por uma tênue ferida.

Retrato natural (1949)

ROMANCE III OU DO CAÇADOR FELIZ

Caçador que andas na mata,
bem sei por que vais contente,
com grandes olhos felizes:
vês que é de reino encantado,
pelo vale, pela serra,
qualquer caminho que pises.
Tropeças em seixos de ouro,
em cascalho de diamantes,
nunca em singelas raízes.

Os grãos da tua escopeta
– e como vai carregada! –
para a caça que precises,
são pepitas de ouro puro...
E está cheio de ouro o papo
das codornas e perdizes...

Caçador que andas na mata,
são bichos que vais caçando,
ou caças o que não dizes?

Caçador que andas na mata...

Romanceiro da Inconfidência (1953)

NADADOR

O que me encanta é a linha alada
das tuas espáduas, e a curva
que descreves, pássaro da água!

É a tua fina, ágil cintura,
e esse adeus da tua garganta
para cemitérios de espuma!

É a despedida, que me encanta,
quando te desprendes ao vento,
fiel à queda, rápida e branda.

E apenas por estar prevendo,
longe, na eternidade da água,
sobreviver teu movimento...

Canções (1956)

26

Mais louvareis a rosa, se prestardes
ouvido à fala com que nos descreve
a razão de ser bela em manhã breve
para a derrota de todas as tardes.

Sabereis que ela mesma não se atreve
a fazer de seus dons grandes alardes,
pois o vasto esplendor de seu veludo
e as joias de seu múltiplo diadema
não lhe pertencem: a razão suprema
de assim brilhar formosamente em tudo

é prolongar na vida o sonho mudo
da roseira – de que é fortuito emblema.

Metal rosicler (1960)

O gosto da Beleza em meu lábio descansa:
breve pólen que um vento próximo procura,
bravo mar de vitória – ah, mas istmos de sal!

Eu – fantasma – que deixo os litorais humanos,
sinto o mundo chorar como em língua estrangeira:
eu sei de outra esperança: eu conheço outra dor.

Apenas alta noite algum radioso espelho
em sua lâmina reflete o que estou sendo.
E em meu assombro nem conheço o próprio olhar.

Alta é a alucinação da provada Beleza.
Pura e ardente, esta angústia. E perfeita, a agonia.
Eu, que a contemplo, vejo um fim que não tem fim.

Dunas da noite que se amontoam.

Solombra (1963)

MÁQUINA BREVE

O pequeno vaga-lume
com sua verde lanterna,
que passava pela sombra
inquietando a flor e a treva
– meteoro da noite, humilde,
dos horizontes da relva;
o pequeno vaga-lume,
queimada a sua lanterna,
jaz carbonizado e triste
e qualquer brisa o carrega:
mortalha de exíguas franjas
que foi seu corpo de festa.

Parecia uma esmeralda,
e é um ponto negro na pedra.
Foi luz alada, pequena
estrela em rápida seta.

Quebrou-se a máquina breve
na precipitada queda.
E o maior sábio do mundo
sabe que não a conserta.

Antologia poética (1963)

MAPA DE ANATOMIA: O OLHO

O Olho é uma espécie de globo,
é um pequeno planeta
com pinturas do lado de fora.
Muitas pinturas:
azuis, verdes, amarelas.
É um globo brilhante:
parece de cristal,
é como um aquário com plantas
finamente desenhadas: algas, sargaços,
miniaturas marinhas, areias, rochas, naufrágios e peixes de ouro.

Mas por dentro há outras pinturas,
que não se veem:
umas são imagens do mundo,
outras são inventadas.

O Olho é um teatro por dentro.

E às vezes, sejam atores, sejam cenas,
e às vezes, sejam imagens, sejam ausências,
formam, no Olho, lágrimas.

O estudante empírico (1974)

Ribeiro Couto

Ribeiro Couto (1898-1963), paulista de Santos, estreia com livro de poesia em 1921. Participou da Semana de Arte Moderna. Escreveu poesia, contos, crônicas, ensaios. Seu primeiro livro de poesia dentro do Modernismo foi *Poemetos de ternura e melancolia* (1924), apesar do título "penumbrista". Jamais se destacou pelo vanguardismo, mantendo-se numa linha mais moderada. Após uma fase mais nacionalista e pitoresca, passou a cantar a nostalgia da pátria e do mar. Na carreira diplomática, seus versos celebraram outras cidades, paisagens, eventos. Principais livros: *Um homem na multidão* (1926), *Província* (1934), *Cancioneiro de Dom Afonso* (1939), *Cancioneiro do ausente* (1943), *Entre mar e rio* (1952), *Longe* (1961) e *Adeuses* (1999).

GORDA

Esta menina gorda, gorda, gorda,
Tem um pequenino coração sentimental.
Seu rosto é redondo, redondo, redondo;
Toda ela é redonda, redonda, redonda,
E os olhinhos estão lá no fundo a brilhar.

É menina e moça. Terá quinze anos?
Umas velhas amigas da sua mamãe
Dizem sempre que a encontram, num êxtase longo:
"Como esta menina está gorda, bonita!"
E ela ri de prazer. Seu rosto redondo
Esconde os olhinhos no fundo a brilhar.

Às vezes, no espelho, penteando o cabelo,
Ao ver-se tão gorda, tão gorda, tão gorda,
Pensa nas amigas da sua mamãe
E também num rapaz que a olha sorrindo
Quando toda manhã ela vai para a escola.
"Ele gosta de mim! Sou gorda, bonita!"
E os dedos gordinhos, pegando na trança,
Têm carícias ingênuas diante do espelho.

Poemetos de ternura e de melancolia (1924)

O MAR E O CAIS

Oh! ressaca dos dias bravos
O mar a investir contra o cais
E as ondas rebentando no alto!
As espumas, a desfolharem-se,
Caem como pétalas brancas...

Na sua fúria forte, as águas
Deslocam pedras da amurada.
Venceu o mar! Perdeu o cais!

Oh! ressaca dos dias bravos em nosso peito...

Ibidem

A INVENÇÃO DA POESIA BRASILEIRA

Eu escutava o homem maravilhoso,
O revelador tropical das atitudes novas,
O mestre das transformações em caminho:
"É preciso criar a poesia deste país de sol!
Pobre da tua poesia e da dos teus amigos,
Pobre dessa poesia nostálgica,
Dessa poesia de fracos diante da vida forte.
A vida é força.
A vida é uma afirmação de heroísmos quotidianos,
De entusiasmos isolados donde nascem mundos.
Lá vai passando uma mulher... Chove na velha praça...
Pobre dessa poesia de doentes atrás de janelas!
Eu quero o sol na tua poesia e na dos teus amigos!
O Brasil é cheio de sol! O Brasil é cheio de força!
É preciso criar a poesia do Brasil!"
Eu escutava, de olhos irônicos e mansos,
O mestre ardente das transformações próximas.

Por acaso, começou a chover docemente
Na tarde monótona que se ia embora.
Pela vidraça da minha saleta morta
Ficamos a olhar a praça debaixo da chuva lenta.
Ficamos em silêncio um tempo indefinido...

E lá embaixo passou uma mulher sob a chuva.

Um homem na multidão (1926)

DOMINGO

O sino repica chamando à missa.
A neblina enche todo o vale,
Cobre os telhados, apaga as árvores.

Os caboclos descem da serra para a cidade
Em cavalinhos que põem fumaça pelas narinas.

O Largo da Matriz está enfeitado de bambus
Com fios mortos de bandeiras de papel.
Restos carbonizados de fogueiras
Jazem à toa, entre foguetes caídos.
Ontem foi dia de Santo Antônio.

Passam mulheres para o mercado
Levando meninos que choramingam
Porque sujaram a roupa nova.

Província (1934)

SANFONA DO MENOR IMPERIAL

Meu Deus, que hei de fazer com estes conselheiros?
Não sei hebreu, não sei grego, não sei latim.
Quero estudar, não posso, a me impedir são os primeiros.
São só festas no Paço, amolações sem fim.
Quando eu for grande e vierem sábios estrangeiros,
Meu Bom Jesus de Pirapora, que será de mim?

Que será de mim, meu Bom Jesus de Pirapora?
Não me deixam sair quando na veneta me dá.
Se começo a fazer uma coisa, vêm logo: não é hora.
Também não viajo. Como é Mato Grosso? Como é Corumbá?
(Outro dia escutei um zum-zum aí por fora;
Parece que vai haver uma guerra por lá.)

Que vida! Não choro porque um menino como eu não chora.
Mas se continua deste jeito, que será de mim?
Eu acabo é perdendo a paciência e vou-me embora:
Salto a janela de noite e fujo pelo jardim.
Quando virem, sumi por esse mundo afora,
Corumbá, Cuiabá, Poconé, Coxim.

Cancioneiro de Dom Afonso (1939)

SAUDADES DE SEBASTIÃO PESCADOR

Entre as choças do morro houve um dia um telhado
Onde não se viu mais a fumacinha ao vento.
A panela, vazia; o fogão, apagado.

Para dar de comer aos seus quatro negrinhos,
Sebastião Pescador passava a vida ao sol.
À noite, vinha com o peixe pelos caminhos.

Sua riqueza foi a camisa de chita,
A vara de pescar, uma corda e um anzol.
Mas teve finalmente uma roupa bonita:

Sebastião Pescador, vestido de mortalha,
Foi viver no macio e esquecer seu tormento.
Lá é melhor. Há peixe e nem negro trabalha.

Cancioneiro do ausente (1943)

CAMONOCÓRDIA NUM CAIS DE LISBOA

A rocha de cristal, Camões. Nós outros,
Irisações de sol, pobre poeira.
Língua que foste de uns e foste de outros,
Língua de continentes, marinheira,
Língua de Brancos, Negros e ainda outros,
Que bom haver quem como nós te queira!

Pintores, músicos e artistas outros
Entendidos serão na terra inteira,
Léguas e léguas de países outros.
Poetas, não. A Língua é prisioneira.
A voz com que cantamos, uns e outros,
Será sempre aos de além voz estrangeira.

Filhos do burgo ocidental, nós outros,
Fiéis a tanto afã, tanta canseira,
Ao bem da fama como a tantos outros
Sabemos renunciar de alma fagueira:
Em paga deste amor, maior que os outros,
Baste o poder cantar de tal maneira.

Longe (1961)

Tanta era a névoa simbolista
Naquele jardim dos vinte anos,
Que os mármores parnasianos
De ninguém estavam à vista.

Sempre véus de tons esbatidos,
Quando não névoa, chuva densa.
Só eu sabia da presença
Desses mármores escondidos.

Hoje, tantos anos passados,
Ao fim de uma tarde cinzenta
Voltar ali ainda me tenta,
Entre os salgueiros desfolhados.

Um vago pôr-de-sol recorta
O perfil dos mármores claros,
Que seriam talvez de Paros
Sob o céu de Bruges-a-Morta.

Adeuses (1999)

SÓTÃO

Maleta de destino andejo,
Nos felizes anos de outrora,
Hoje não vê o sol de fora,
Largada a um quarto de despejo.

No couro de apagados brilhos
Lanhos e arranhões de entremeio
São sinais de mau manuseio
Que lembram cais e tombadilhos.

Ao cabo de uma travessia,
A água toda em luzes acesa,
O porto noturno – e a surpresa
De uma cidade que dormia.

Ou, na doçura matutina
Dos desembarques friorentos,
Ruas, praças e monumentos
Como que a nascer da neblina.

Maleta saudosa, coberta
De etiquetas desordenadas,
Nomes de hotéis e de pousadas
Onde não será mais aberta.

Mas o triste fim se acompanha
Dos consolos de um bem secreto:
Carícias lhe descem do teto
Nos fios das teias de aranha.

Ibidem

Augusto Meyer

Augusto Meyer (1902-1970), do Rio Grande do Sul, figura de proa do Modernismo gaúcho, estreia com livro de poesia em 1923. Sua arte ficou eclipsada por notável produção ensaística como crítico literário e comparatista. Sua atividade pessoal em prol da cultura foi extraordinária, no largo período em que dirigiu o Instituto Nacional do Livro no Rio de Janeiro. Fundou a revista *Madrugada* (1926), que duraria quatro números, com parceiros que tinham a mesma convicção. Data do mesmo ano a antologia de novos poetas gaúchos por ele editada, *Coração verde.* Seu mais famoso poema, incluído em antologias, é "Oração ao Negrinho do Pastoreio". Principais livros: *Giraluz* (1928), *Duas orações* (1928), *Poemas de Bilu* (1929) e *Últimos poemas* (1955).

UMBU

Lustrosas folhas de capororoca,
rijas, metálicas, paradas...

Erma,
a estrada ao longe treme, treme,
como envolta no fumo das queimadas.

O campo amarelece.

Fornalha sobre a terra em abandono...

Indolência... brasa morta...

Sono...

O velho umbu é um coração moço,
é um sempre-verde coração;
há um gesto manso no perdão dos galhos,
há uma infinita mágoa em semear a sombra,
inutilmente, na fulguração.

Coração verde (1926)

SUSTO

Meu coração pula se uma folha mexe a sombra.

Tudo maior, grande grande como o espanto...

Cresce a pupila até tocar no céu sem lua.

Giraluz (1928)

ORAÇÃO AO NEGRINHO DO PASTOREIO

Negrinho do Pastoreio,
venho acender a velinha
que palpita em teu louvor.

A luz da vela me mostre
caminho do meu amor.

A luz da vela me mostre
onde está Nosso Senhor.

Eu quero ver outra luz
na luz da vela, Negrinho,
clarão santo, clarão grande
como a verdade e o caminho
na falação de Jesus.

Negrinho do Pastoreio,
diz que você acha tudo
se a gente acender um lume
de velinha em seu louvor.

Vou levando esta luzinha
treme-treme, protegida
contra o vento, contra a noite...
É uma esperança, queimando
Na palma da minha mão.

Que não se apague este lume!
Há sempre um novo clarão,
Quem espera acha o caminho
pela voz do coração.

Eu quero achar-me, Negrinho!
(Diz que você acha tudo)
Ando tão longe, perdido...
Eu quero achar-me, Negrinho;
a luz da vela me mostre
o caminho do meu amor.

Negrinho, você que achou
Pela mão da sua Madrinha
Os trinta tordilhos negros
E varou a noite toda
De vela acesa na mão
(piava a coruja rouca
no arrepio da escuridão,
manhãzinha, a estrela-d'alva
na voz do galo cantava,
mas quando a vela pingava,
cada pingo era um clarão),
Negrinho, você que achou,
me leve à estrada batida
que vai dar no coração!
Ah os caminhos da vida
Ninguém sabe onde é que estão!

Negrinho, você que foi
amarrado no palanque,
rebenqueado a sangue pelo
rebenque do seu patrão,
e depois foi enterrado
na cova de um formigueiro
pra ser comido inteirinho
sem a luz da extrema-unção,
se levantou saradinho,
se levantou inteirinho:

seu riso ficou mais branco
de enxergar Nossa Senhora
com seu Filho pela mão!

Negrinho santo, Negrinho,
Negrinho do Pastoreio,
você me ensine o caminho
pra chegar à devoção,
pra sangrar na cruz bendita
pelos cravos da Paixão.

Negrinho santo, Negrinho,
quero aprender a não ser!
Quero ser como a semente
na falação de Jesus,
semente que só vivia
e dava fruto enterrada,
apodrecendo no chão.

Duas orações (1928)

CORO DOS SATISFEITOS

(Acompanhado pelo Zé Pereira
do Bom Sucesso)

Confraria somos nós
da beata satisfação.
Fora vós e viva nós!
Tudo é mesmo muito bão.

Pois quem foram que disseram
que esta vida é coisa feia?
Quem falaram não souberam
como é firme a pança cheia.

Viva nós e fora vós!
Tudo é bão tudo é bão!
Tudo é mesmo muito bão,
muito bão bão bão!

Poemas de Bilu (1929)

CHEWING GUM

Masco e remasco a minha raiva, chewing gum.

Que pílula este mundo!
Roda roda sem parar.
Zero zero zero zero,
é uma falta de imprevisto...

Quotidianissimamente enfastiado,
engulo a pílula ridícula,
janto universo e como mosca.

Comi o mio-mio das amarguras.
A raiva dói como um guasqueaço.

Amolado.
Paulificado.
Angurreado.

Bilu, pensa nas madrugadas que virão,
aspira a força da terra possante e contente.
Cada pedra no caminho é trampolim.
O futuro se conjuga saltando.

Depois:
indicativo presente –
caio em mim.

Ibidem

DELIRISMO

O anarquista cospe fogo.
Traga-balas come bombas.

Vê como maxixam postes graves.
Explodem focos na cara do edil.

Casas berram pelas portas,
a Via Láctea é um cartaz elétrico,
dança o bonde...
ué!

Que noite! goela dos delírios líricos...

O caminhão morreu de amor.

Negligentemente encostado no obelisco,
acendo estrelas no céu com o meu cigarro.

Ibidem

SOLO DO FLAUTISTA ATRÁS DA GRADE

Me declaro grão-de-bico,
tangerina, sim senhor.
Firuli firuli
firulera.

Mas já fui ás de zás-trás,
ás de asa e az de azar,
firuli firuli
firulá.

Me acho mui desatrelado
das ventas, sim senhor.
Mas o mundo ma acompanha
firulirulirulí
porque eu sou Nosso Senhor.

Ibidem

PRELÚDIO DA GOTA

No meu crânio vazio
a aranha mole tece o fino fio.

Sonolenta, pinga a gota lenta:
mo
no
to
ni
a

Ibidem

ORFEU

O dia morto nos meus ombros pesa
A sombra se deita na estrada comprida
Mas o leite da luz inunda a terra
E no meu gesto claro vive a vida.

Serei o sulco onde germinam sementeiras
As mil faces do amor me acompanham
Demônio, pólen das loucuras, anda!
Agita os mares, os ventos, as seivas.

Venho do fundo da amargura e me transformo
Na frauta leve das auroras, glória!
O dom da vida vibra no meu sopro

O hino sacode o turbilhão das forças
Rompe as fontes seladas, aleluia!
Que pura música atravessa o mundo?

Últimos poemas (1955)

Ascenso Ferreira

Ascenso Ferreira (1895-1965), representante do Modernismo pernambucano, estreia com livro de poemas românticos em 1924. Jornalista oriundo do interior, integrou os círculos de vanguarda do Recife, de Joaquim Inojosa e da *Revista do Norte*. Participaria do 1º Congresso Regionalista do Nordeste, iniciativa de Gilberto Freyre, em 1926. O primeiro livro propriamente na nova maneira é *Catimbó*, de 1927, com ilustrações do futuro poeta Joaquim Cardozo. Sua poesia tende ao típico rural e folclórico, remetendo à infância e às lembranças do passado, em ritmos vívidos e variadamente combinados, com presença do poema-piada. Principais livros: *Catimbó* (1927), *Cana caiana* (1939), *Poemas 1922/1953* (1953), incluindo *Xenhenhém* (1951).

MARACATU

Zabumba de bombos,
estouro de bombas,
batuque de ingonos,
cantigas de banzo,
rangir de ganzás...

– Loanda, Loanda, aonde estás?
Loanda, Loanda, aonde estás?

As luas crescentes
de espelhos luzentes,
colares e pentes,
queixares e dentes
de maracajás...

– Loanda, Loanda, aonde estás?
Loanda, Loanda, aonde estás?

A balsa no rio
cai no corrupio
faz passo macio
mas toma desvio
que nunca sonhou...

– Loanda, Loanda, aonde estou?
Loanda, Loanda, aonde estou?

Catimbó (1927)

MINHA ESCOLA

A escola que eu frequentava era cheia de grades como as prisões
E o meu Mestre, carrancudo como um dicionário;
Complicado como as Matemáticas;
Inacessível como *Os Lusíadas* de Camões!

À sua porta eu estava sempre hesitante...
De um lado a vida... – A minha adorável vida de criança:
Pinhões... Papagaios... Carreiras ao sol...
Voos de trapézio à sombra da mangueira!
Saltos da ingazeira pra dentro do rio...
Jogos de castanhas...
– O meu engenho de barro de fazer mel!

Do outro lado, aquela tortura:
– "As armas e os barões assinalados!"
– Quantas orações?
– Qual é o maior rio da China?
– A 2 + 2 A B = quanto?
– Que é curvilíneo, convexo?
– Menino, venha dar sua lição de retórica!
– "Eu começo, atenienses, invocando
  a proteção dos deuses do Olimpo
  para os destinos da Grécia!"
– Muito bem! Isto é do grande Demóstenes!
– Agora, a de francês:
– "Quand le christianisme avait apparu sur la terre..."
– Basta.
– Hoje temos sabatina...
– O argumento é a bolo!
– Qual é a distância da Terra ao Sol?

– ?!!
– Não sabe? Passe a mão à palmatória!
– Bem, amanhã quero isso de cor...

Felizmente, à boca da noite,
eu tinha uma velha que me contava histórias...
Lindas histórias do reino da Mãe-d'Água...
E me ensinava a tomar a bênção à lua nova.

Ibidem

O GÊNIO DA RAÇA

Eu vi o Gênio da Raça!!!

(Aposto como vocês estão pensando que eu vou falar de Rui Barbosa.)

Qua!
O Gênio da Raça que eu vi
foi aquela mulatinha chocolate
fazendo o passo do siricongado
na terça-feira de carnaval!

Ibidem

NORDESTE

O ferreiro malhando no topo das baraúnas.
Nas lombadas da serra o sol é de lascar...
Nem uma folha só fazendo movimento!...

– Nana! Ô Nana!
– Inhor!
– Chega me abanar...

Pouco a pouco, porém, vem vindo um frio lento
trazido pelas mãos de moça do luar...

Que gozo nos coqueiros acarinhados pelo vento!

– Nana! Ô Nana!
– Inhor!
– Chega me esquentar...

Cana caiana (1939)

MULATA SARARÁ

O cajueiro te deu a flor para cabelo,
deu-te o maracajá o agateado dos olhos
– teus olhos cujo olhar faz a gente dodói!

No Brasil, quem te nega está fazendo é fita,
pois tu és, na verdade, uma coisa bonita:

– Madeira que o cupim não rói!
– Madeira que o cupim não rói!

Paris – que dá modas,
costumes e gostos,
pinturas pros rostos,
carvão e carmim...

Paris – dente de ouro!
– Boca de Tubarão!
Goela de Sucuri!
Que engole Odaliscas
Rajás e Sultanas,
as Gueixas, Musmês,
os Beis e os Paxás...

– E engoliu até a negra Josephine Baker!
Paris, contigo, topou foi osso!

Foi rocha esquisita que nada destrói!

Nosso Senhor abençoe teus avós de Lisboa...

– Madeira que o cupim não rói!
– Madeira que o cupim não rói!

Ibidem

FILOSOFIA

Hora de comer – comer!
Hora de dormir – dormir!
Hora de vadiar – vadiar!

Hora de trabalhar?
– Pernas pro ar que ninguém é de ferro!

Ibidem

TORÉ

Os dois maracás,
um fino e outro grosso,
fazem alvoroço
nas mãos do Pajé:

– Toré!
– Toré!

Bambus enfeitados,
compridos e ocos,
produzem sons roucos
de querequexé!

– Toré!
– Toré!

Lá vem a asa-branca,
no espaço voando,
vem alto, gritando...
– Meu Deus, o que é?

– Toré!
– Toré!

– É o Caracará
que está na floresta,
vai ver minha besta
de pau catolé...

– Toré!
– Toré!

Cabocla bonita,
do passo quebrado,
teu beiço encarnado
parece um café

– Toré!
– Toré!

Pra te ver, cabocla!
na minha maloca,
fiando na roça,
torrando pipoca,
eu entro na toca
e mato onça a quicé!

– Toré!
– Toré!

Ibidem

A PEGA DO BOI

A rês tresmalhada
ouviu na quebrada
soar a toada
de alguém que aboiou:

– Hô – hô – hô – hô – hô,
Váá!
Meu boi Surubim!
Boi!
Boiato!

E, logo espantada,
sentindo a laçada,
no mato embocou...

Atrás, o vaqueiro,
montando o "Veleiro"
também mergulhou...

Os cascos nas pedras
davam cada risco
que só o corisco
de noite no céu...

Saltaram valados,
subiram oiteiros,
pisaram faxeiros
e mandacarus...

Até que enfim...
No Jatobá
do Catolé,
bem junto a um pé
de oiticoró,
já do Exu
na direção...

– O rabo da bicha reteve na mão!

(Poeiriço danado e dois vultos no chão)
....

Mas, baixa a poeira,
a rês mandingueira
por terra ficou...

E um grito de glória
no espaço vibrou:

– Hô – hô – hô – hô – hô,
Váá!
Meu boi Surubim!
Boi!
Boiato!

Ibidem

GAÚCHO

Riscando os cavalos!
Tinindo as esporas!
Través das coxilhas!
Saí de meus pagos em louca arrancada!

– Para quê?
– Pra nada!

Xenhenhém (1951)

Oswald de Andrade

Oswald de Andrade (1890-1954), paulista, estreia com o livro de poesia modernista *Pau-Brasil* (1925). Ponta de lança e *enfant terrible* do Modernismo, agitador e propagandista, fundador de revistas e de movimentos, passou à história por sua índole polêmica e suas tiradas fulminantes, de total irreverência. Por isso ficou associado ao primeiro modernismo, ou "da destruição". *Globetrotter* precoce, desde 1912 viajava à Europa e contatava as vanguardas artísticas. De um vanguardismo exemplar, mestre do poema-piada, prima pela concisão, pela agudeza, pelo "estilo telegráfico", pelo imagismo sucinto. Principais livros: *Pau-Brasil* (1925), *Primeiro caderno do aluno de poesia Oswald de Andrade* (1927) e *Poesias reunidas O. de Andrade* (1945).

FESTA DA RAÇA

Hu certo animal se acha também nestas partes
A que chamam Preguiça
Tem hua guedelha grande no toutiço
E se move com passos tam vagorosos
Que ainda que ande quinze dias aturado
Não vencerá a distância de hu tiro de pedra

Pau-Brasil (1925)

RELICÁRIO

No baile da Corte
Foi o Conde d'Eu quem disse
Pra Dona Benvinda
Que farinha de Suruí
Pinga de Parati
Fumo de Baependi
É comê bebê pitá e caí

Ibidem

BONDE

O transatlântico mesclado
Dlendlena e esguicha luz
Postretutas e famias sacolejam

Ibidem

PRONOMINAIS

Dê-me um cigarro
Diz a gramática
Do professor e do aluno
E do mulato sabido
Mas o bom negro e o bom branco
Da Nação Brasileira
Dizem todos os dias
Deixa disso camarada
Me dá um cigarro

Ibidem

OCASO

No anfiteatro de montanhas
Os profetas do Aleijadinho
Monumentalizam a paisagem

As cúpulas brancas dos Passos
E os cocares revirados das palmeiras
São degraus da arte de meu país
Onde ninguém mais subiu

Bíblia de pedra-sabão
Banhada no ouro das minas

Ibidem

CANTO DO REGRESSO À PÁTRIA

Minha terra tem palmares
Onde gorjeia o mar
Os passarinhos daqui
Não cantam como os de lá

Minha terra tem mais rosas
E quase que mais amores
Minha terra tem mais ouro
Minha terra tem mais terra

Ouro terra amor e rosas
Eu quero tudo de lá
Não permita Deus que eu morra
Sem que volte para lá

Não permita Deus que eu morra
Sem que volte pra São Paulo
Sem que veja a Rua 15
E o progresso de São Paulo

Ibidem

SOIDÃO

Chove chuva choverando
Que a cidade de meu bem
Está-se toda se lavando

Senhor
Que eu não fique nunca
Como esse velho inglês

Aí do lado
Que dorme numa cadeira
À espera de visitas que não vêm

Chove chuva choverando
Que o jardim de meu bem
Está-se todo se enfeitando
A chuva cai
Cai de bruços

A magnólia abre o para-chuva
Para-sol da cidade
De Mário de Andrade
A chuva cai
Escorre das goteiras do domingo

Chove chuva choverando
Que a casa de meu bem
Está-se toda se molhando

Anoitece sobre os jardins
Jardim da Luz
Jardim da Praça da República
Jardins das platibandas

Noite
Noite de hotel
Chove chuva choverando

Primeiro caderno do aluno de poesia O. de Andrade (1927)

ERRO DE PORTUGUÊS

Quando o português chegou
Debaixo duma bruta chuva
Vestiu o índio
Que pena!
Fosse uma manhã de sol
O índio tinha despido
O português

Ibidem

HISTÓRIA PÁTRIA

Lá vai uma barquinha carregada de
Aventureiros
Lá vai uma barquinha carregada de
Bacharéis
Lá vai uma barquinha carregada de
Cruzes de Cristo
Lá vai uma barquinha carregada de
Donatários
Lá vai uma barquinha carregada de
Espanhóis
Paga prenda
Prenda os espanhóis!
Lá vai uma barquinha carregada de
Flibusteiros
Lá vai uma barquinha carregada de
Governadores
Lá vai uma barquinha carregada de
Holandeses
Lá vem uma barquinha cheinha de índios
Outra de degredados

Outra de pau de tinta
Até que o mar inteiro
Se coalhou de transatlânticos
E as barquinhas ficaram
Jogando prenda coa raça misturada
No litoral azul de meu Brasil

Ibidem

Augusto Frederico Schmidt

Augusto Frederico Schmidt (1906-1965), carioca, estreia com livro de poesia em 1928. Editor e livreiro, lançou autores da maior relevância, como Graciliano Ramos, Gilberto Freyre e Jorge Amado. Universalista, católico e pouco vanguardista, cantou em versos de ritmos amplos a morte, a solidão, a perda, as ausências, fugindo do pitoresco modernista. Empresário de sucesso, fundou a Panair, pioneira em voos internacionais, e a Disco, a primeira rede de supermercados no Rio. Representou o Brasil em várias funções públicas no exterior. Principais livros: *Canto do brasileiro* (1928), *Navio perdido* (1929), *Pássaro cego* (1930), *Canto da noite* (1934), *Estrela solitária* (1940), *Fonte invisível* (1949), *Os reis* (1953), *Aurora lívida* (1958) e *Poesia completa* (1995).

CANTO DO ESTRANGEIRO

(Fragmento)

V

Debalde vozes amigas,
Podereis cantar velhas cantigas.
Debalde visões do meu passado
Tão próximo e distante, podereis querer enternecer-me,
Ah! Eu sou o que não tem raízes fundas!
Eu sou o que não tem afetos fundos!

Tenho medo de mim –
Tenho medo dos desejos que gritam em mim,
Tenho medo das fascinações graves que sofro.

Sou navio perdido na névoa.
Uma âncora, Senhor!
Estou cansado,
Sangro de dor e de inquietude –
Onde o meu porto?
Onde a mansão que acolherá minhas ânsias e o meu medo?

Desejo de partir agora neste instante –
Desejo de partir sem pensar, para o mistério que me chama sempre
E que não deixará jamais de me chamar...

Navio perdido (1929)

MENINA MORTA

Eu vi no céu, não sei, na noite escura,
Meninas mortas – eu vi meninas mortas!
Eu vi, Senhor, meninas mortas!

Vi mãos brancas no céu, no mar, nos ares,
Vi mãos brancas de meninas mortas.
Vi braços de mortas.
Vi cabelos de mortas, no ar.
Vi lágrimas de mortas caindo do céu, do ar, da madrugada...
Vi meninas mortas.
Vi flores pálidas no céu.

Eu vi a morta, Senhor!
Vi a morta – minha filha, noiva e irmã!
Vi o sorriso da morta,
Vi o repouso e a beleza da morta!
Vi a morta imóvel e pura,
Olhei a morta longamente:
Minha Noiva perdida,
Perdida como a inocência.
Eu vi a morta!

Quem pode amar, Senhor, depois que viu a morta?
Eu vi os brinquedos da morta,
Vi a caminha estreita em que dormiu.
Vi a morta!

A morta me abençoou:
Menina e santa, pediu por mim junto ao meu Pai.
Beijei as mãos brancas da morta.
Beijei os pés frios da morta.
Beijei os olhos doces da morta.

Pássaro cego (1930)

OS PRÍNCIPES

Tudo é inexistente, disseram os príncipes deitados na areia.
E veio o grande pálio aberto e se estendeu sobre o céu sem manchas
Destroços, ruínas, podridrões ameaçavam desabar.
E veio o lírio boiando brando e manso.
O mar ficou alto e agressivo,
Os barqueiros cantaram remando
E tudo se encaminhou implacavelmente para a noite mais próxima.

Tudo é inexistente, disseram os príncipes deitados na areia;
Ninguém atingirá a última noite
Porque virão sempre outras noites
E os mesmos pássaros ficarão espalmados no ar.
Mas os barqueiros tinham sede
E correram com os príncipes.
Mas os barqueiros tinham fome e mataram os príncipes.

O lírio veio boiando docemente
E era a filha do rei
E era a única irmã dos príncipes mortos.
E o lírio ficou no sangue dos mortos como a gota de orvalho na
[rosa nascida.
Os barqueiros ficaram escravos do lírio
E o seguem de joelhos chorando no deserto.

Canto da noite (1934)

SONETO

A hora é virgiliana – Um vento manso vem dos campos em flor.
Do seio da noite – da noite antiga e tranquila –
Surge o canto da terra fecunda e adormecida.
As águas-vivas viajam cantando e rindo.

Meu coração agradece a Deus esta hora plena,
E o meu espírito repousa, como o vinho nas velhas botelhas.
Sinto as flores em botão nos jardins.
Sinto a germinação dos frutos, e os gestos fundos das raízes.

As árvores avançam para os astros.
Os bichos da terra e os pássaros inquietos
Estão dormindo nesta hora de abandono e esquecimento

O tempo parece vencido pela volúpia criadora,
E os meus olhos assistem, no denso escuro,
Aos movimentos das virgens formas que estão nascendo!

Estrela solitária (1940)

OUÇO UMA FONTE

Ouço uma fonte.
É uma fonte noturna
Jorrando.
É uma fonte perdida
No frio.

É uma fonte invisível.
É um soluço incessante,
Molhado, cantando.

É uma voz lívida.
É uma voz caindo
Na noite densa
E áspera.

É uma voz que não chama.
É uma voz nua.
É uma voz fria.
É uma voz sozinha.

É a mesma voz.
É a mesma queixa.
É a mesma angústia,
Sempre inconsolável.

É uma fonte invisível,
Ferindo o silêncio,
Gelada jorrando,
Perdida na noite.
É a vida caindo
No tempo!

Fonte invisível (1949)

MÃOS

Mãos erguidas para receber o Cristo.

Mãos que são pontes entre o Eterno e o Tempo.
Mãos sagradas pelo mistério da Ressurreição.
Mãos que mais parecem asas
Palpitando ao sopro do vento intemporal.

Mãos purificadas pelo Sangue invisível
E que tocam nas chagas do Filho do Homem
E nos Seus olhos e nos Seus cabelos.

Mãos que colhem na árvore do Eterno
O Fruto do Sacrifício.

Os reis (1953)

O DIVINO EMANUEL

É a torre com os seus terraços,
São os pássaros nos céus,
São os corpos e as vozes!
Ó noturna visão!

Ninguém alcançará o silêncio.
A esperança brilha no alto.
É uma estrela impassível.
Em lembrança dos mortos
Tremem os véus noturnos.
Mas cantam as cavatinas fúnebres.
Brincam com os mortos.
– Quem brinca com os mortos?
– É o Divino Emanuel!
O Divino Emanuel bate na porta;
O seu rosto dilacera a treva.

Dos terraços chegam quebrados os sons das músicas.
Como são numerosas as músicas!
E o vento as confunde,
O vento que lambe a torre,

Que penetra no corpo interno
Da louca construção.

Aurora lívida (1958)

AS SETE

Eram sete as estrelas novas,
Sete frescas estrelas, jovens ao olhar,
Que se moviam em direção ao sul.
Eram sete e avançavam em forma de Cruz.
Três se inclinavam sobre o abismo.
Duas subiam pelo espaço,
Levantando as cristas azuis.
E as duas outras
Formavam braços estendidos,
Cobrindo as direções mais opostas...

Eram sete estrelas, e o número conjurava,
O número revolvia o tempo
E estabelecia o supremo equilíbrio.

Ibidem

POEMA DA INVEJA

Inveja dos que desejam pertencer à Academia de Letras,
Dos que amam as honrarias.
Dos incansáveis,
Dos que adormecem sem medo
E despertam sempre dispostos para a conquista do mundo.

Inveja dos que caminham firmes,
Como se o chão fosse sólido.
Como se tudo estivesse certo e ordenado.
Inveja dos que não se lembram de que só há um destino
E que estamos suspensos sobre o abismo.
Inveja dos seres para quem a esperança
Não é uma frágil ponte sobre o nada.

Inveja dos que não carregam sempre e interminavelmente,
Por onde vão e em todas as horas,
O fardo dos seus mortos.
Inveja dos que não guardam
As imagens perdidas, as folhas secas.
A poeira da vida,
E sacodem qualquer melancolia e avançam leves e contentes.

Inveja dos que podem recordar sorrindo
As alegrias efêmeras.
E não se dão conta de que o amargo
Delimita e bordeja todos os caminhos.

Inveja dos que contemplam, impassíveis,
As flores murchas, os berços vazios,
As mãos frias em cruz,
Os rostos devastados pelo tempo,
E o tédio dos que se amaram um dia.

Poesia completa (1995)

Carlos Drummond de Andrade

Carlos Drummond de Andrade (1902-1987), mineiro de Itabira, estreia com o livro modernista *Alguma poesia* (1930). "No meio do caminho", entre seus poemas o que mais escândalo causou, saiu na *Revista de Antropofagia* (1928). Sem favor, tornou-se pelo rigor formal o maior poeta que o Brasil já teve. Em *Claro enigma* (1951) recai em parte no tradicional, ao compor um livro de sonetos. Produziria poesia memorialística e erótica. A farta obra de cronista em jornal popularizou-o. Principais livros: *Brejo das almas* (1934), *Sentimento do mundo* (1940), *José* (1942), *A rosa do povo* (1945), *Claro enigma* (1951), *Fazendeiro do ar* (1954), *Lição de coisas* (1962), *Boitempo* (1968), *Menino antigo* (1972), *As impurezas do branco* (1973) e *Corpo* (1984).

NO MEIO DO CAMINHO

No meio do caminho tinha uma pedra
tinha uma pedra no meio do caminho
tinha uma pedra
no meio do caminho tinha uma pedra.

Nunca me esquecerei desse acontecimento
na vida de minhas retinas tão fatigadas.
Nunca me esquecerei que no meio do caminho
tinha uma pedra
tinha uma pedra no meio do caminho
no meio do caminho tinha uma pedra.

Alguma poesia (1930)

CONFIDÊNCIA DO ITABIRANO

Alguns anos vivi em Itabira.
Principalmente nasci em Itabira.
Por isso sou triste, orgulhoso: de ferro.
Noventa por cento de ferro nas calçadas.
Oitenta por cento de ferro nas almas.
E esse alheamento do que na vida é porosidade e comunicação.

A vontade de amar, que me paralisa o trabalho,
vem de Itabira, de suas noites brancas, sem mulheres e sem
[horizontes.
E o hábito de sofrer, que tanto me diverte,
é doce herança itabirana.

De Itabira trouxe prendas diversas que ora te ofereço:
este São Benedito do velho santeiro Alfredo Duval;
este couro de anta, estendido no sofá da sala de visitas;
este orgulho, esta cabeça baixa...

Tive ouro, tive gado, tive fazendas.
Hoje sou funcionário público.
Itabira é apenas uma fotografia na parede.
Mas como dói!

Sentimento do mundo (1940)

O LUTADOR

Lutar com palavras
é a luta mais vã.
Entanto lutamos
mal rompe a manhã.
São muitas, eu pouco.
Algumas, tão fortes
como um javali.
Não me julgo louco.
Se o fosse, teria
poder de encantá-las.
Mas lúcido e frio,
apareço e tento
apanhar algumas
para meu sustento
num dia de vida.
Deixam-se enlaçar,
tontas à carícia
e súbito fogem
e não há ameaça

e nem há sevícia
que as traga de novo
ao centro da praça.

Insisto, solerte.
Busco persuadi-las.
Ser-lhes-ei escravo
de rara humildade.
Guardarei sigilo
de nosso comércio.
Na voz, nenhum travo
de zanga ou desgosto.
Sem me ouvir deslizam,
perpassam levíssimas
e viram-me o rosto.
Lutar com palavras
parece sem fruto.
Não têm carne e sangue...
Entretanto, luto.

Palavra, palavra
(digo exasperado),
se me desafias,
aceito o combate.
Quisera possuir-te
neste descampado,
sem roteiro de unha
ou marca de dente
nessa pele clara.
Preferes o amor
de uma posse impura
e que venha o gozo
da maior tortura.

Luto corpo a corpo,
luto todo o tempo,
sem maior proveito
que o da caça ao vento.
Não encontro vestes,
não seguro formas,
é fluido inimigo
que me dobra os músculos
e ri-se das normas
da boa peleja.

Iludo-me às vezes,
pressinto que a entrega
se consumará.
Já vejo palavras
em coro submisso,
esta me ofertando
seu velho calor,
outra sua glória
feita de mistério,
outra seu desdém,
outra seu ciúme,
e um sapiente amor
me ensina a fruir
de cada palavra
a essência captada,
o sutil queixume.
Mas ai! é o instante
de entreabrir os olhos:
entre beijo e boca,
tudo se evapora.

O ciclo do dia
ora se consuma
e o inútil duelo
jamais se resolve.
O teu rosto belo,
ó palavra, esplende
na curva da noite
que toda me envolve.
Tamanha paixão
e nenhum pecúlio.
Cerradas as portas,
a luta prossegue
nas ruas do sono.

Ibidem

CIDADE PREVISTA

Guardei-me para a epopeia
que jamais escreverei.
Poetas de Minas Gerais
e bardos do Alto-Araguaia,
vagos cantores tupis,
recolhei meu pobre acervo,
alongai meu sentimento.
O que eu escrevi não conta.
O que desejei é tudo.
Retomai minhas palavras,
meus bens, minha inquietação,
fazei o canto ardoroso,
cheio de antigo mistério
mas límpido e resplendente.

Cantai esse verso puro
que se ouvirá no Amazonas,
na choça do sertanejo
e no subúrbio carioca,
no mato, na vila X,
no colégio, na oficina,
território de homens livres
que será nosso país
e será pátria de todos.
Irmãos, cantai esse mundo
que não verei, mas virá
um dia, dentro em mil anos,
talvez mais... não tenho pressa.
Um mundo enfim ordenado,
uma pátria sem fronteiras,
sem leis e regulamentos,
uma terra sem bandeiras,
sem igrejas nem quartéis,
sem dor, sem febre, sem ouro,
um jeito só de viver,
mas nesse jeito a variedade,
a multiplicidade toda
que há dentro de cada um.
Uma cidade sem portas,
dc casas sem armadilha,
um país de riso e glória
como nunca houve nenhum.
Este país não é meu
nem vosso ainda, poetas.
Mas ele será um dia
o país de todo homem.

A rosa do povo (1945)

RAPTO

Se uma águia fende os ares e arrebata
esse que é forma pura e que é suspiro
de terrenas delícias combinadas;
e se essa forma pura, degradando-se,
mais perfeita se eleva, pois atinge
a tortura do embate, no arremate
de uma exaustão suavíssima, tributo
com que se paga o voo mais cortante;
se, por amor de uma ave, ei-la recusa
o pasto natural aberto aos homens,
e pela via hermética e defesa
vai demandando o cândido alimento
que a alma faminta implora até o extremo;
se esses raptos terríveis se repetem
já nos campos e já pelas noturnas
portas de pérola dúbia das boates;
e se há no beijo estéril um soluço
esquivo e refolhado, cinza em núpcias,
e tudo é triste sob o céu flamante
(que o pecado cristão, ora jungido
ao mistério pagão, mais o alanceia),
baixemos nossos olhos ao desígnio
da natureza ambígua e reticente:
ela tece, dobrando-lhe o amargor,
outra forma de amar no acerbo amor.

Claro enigma (1951)

CAMPO DE FLORES

Deus me deu um amor no tempo de madureza,
quando os frutos ou não são colhidos ou sabem a verme.
Deus – ou foi talvez o Diabo – deu-me este amor maduro,
e a um e outro agradeço, pois que tenho um amor.

Pois que tenho um amor, volto aos mitos pretéritos
e outros acrescento aos que amor já criou.
Eis que eu mesmo me torno o mito mais radioso
e talhado em penumbra sou e não sou, mas sou.

Mas sou cada vez mais, eu que não me sabia
e cansado de mim julgava que era o mundo
um vácuo atormentado, um sistema de erros.
Amanhecem de novo as antigas manhãs
que não vivi jamais, pois jamais me sorriram.

Mas me sorriam sempre atrás de tua sombra
imensa e contraída como letra no muro
e só hoje presente.
Deus me deu um amor porque o mereci.
De tantos que já tive ou tiveram em mim,
o sumo se espremeu para fazer um vinho
ou foi sangue, talvez, que se armou em coágulo.

E o tempo que levou uma rosa indecisa
a tirar sua cor dessas chamas extintas
era o tempo mais justo. Era tempo de terra.
Onde não há jardim, as flores nascem de um
secreto investimento em formas improváveis.

Hoje tenho um amor e me faço espaçoso
para arrecadar as alfaias de muitos
amantes desgovernados, no mundo, ou triunfantes,
e ao vê-los amorosos e transidos em torno,
o sagrado terror converto em jubilação.

Seu grão de angústia amor já me oferece
na mão esquerda. Enquanto a outra acaricia
os cabelos e a voz e o passo e a arquitetura
e o mistério que além faz os seres preciosos
à visão extasiada.

Mas, porque me tocou um amor crepuscular,
há que amar diferente. De uma grave paciência
ladrilhar minhas mãos. E talvez a ironia
tenha dilacerado a melhor doação.
Há que amar e calar.
Para fora do tempo arrasto meus despojos
e estou vivo na luz que baixa e me confunde.

Ibidem

O QUARTO EM DESORDEM

Na curva perigosa dos cinquenta
derrapei neste amor. Que dor! que pétala
sensível e secreta me atormenta
e me provoca à síntese da flor

que não se sabe como é feita: amor,
na quintessência da palavra, e mudo
de natural silêncio já não cabe
em tanto gesto de colher e amar

a nuvem que de ambígua se dilui
nesse objeto mais vago do que nuvem
e mais defeso, corpo! corpo, corpo,

verdade tão final, sede tão vária,
e esse cavalo solto pela cama,
a passear o peito de quem ama.

Fazendeiro do ar (1954)

ISSO É AQUILO

I

O fácil o fóssil
o míssil o físsil
a arte o infarte
o ocre o canopo
a urna o farniente
a foice o fascículo
a lex o judex
o maiô o avô
a ave o mocotó
o só o sambaqui

II

o gás o nefas
o muro a rêmora
a suicida o cibo
a litotes Aristóteles
a paz o pus
o licantropo o liceu

o flit o flato
a víbora o heléboro
o êmbolo o bolo

III

o istmo o espasmo
o ditirambo o cachimbo
a cutícula o ventríloquo
a lágrima o magma
o chumbo o nelumbo
a fórmica a fúcsia
o bilro o pintassilgo
o malte o gerifalte
o crime o aneurisma
a tâmara a Câmara

IV

o átomo o átono
a medusa o pégaso
a erisipela a elipse
a ama o sistema
o quimono o amoníaco
a nênia o nylon
o cimento o ciumento
a juba a jacuba
o mendigo a mandrágora
o boné a boa-fé

V

a argila o sigilo
o pároco o báratro
a isca o menisco
o idólatra o hidrópata
o plátano o plástico
a tartaruga a ruga
o estômago o mago
o amanhecer o ser
a galáxia a gloxínia
o cadarço a comborça

VI

o útil o tátil
o colubiazol o gazel
o lepidóptero o útero
o equívoco o fel no vidro
a joia a triticultura
o know-how o nocaute
o dogma o borborigmo
o úbere o lúgubre
o nada a obesidade
a cáric a intempérie

VII

o dzeta o zeugma
o cemitério a marinha
a flor a canéfora
o pícnico o pícaro
o cesto o incesto
o cigarro a formicida

a aorta o Passeio Público
o mingau a migraine
o leste a leitura
a girafa a jitanjáfora

VIII

o índio a lêndea
o coturno o estorno
a pia a piedade
a nolição o nonipétalo
o radar o nácar
o solferino o aquinatense
o bacon o dramaturgo
o legal a galena
o azul a lues
a palavra a lebre

IX

o remorso o cós
a noite o bis-coito
o sestércio o consórcio
o ético a ítaca
a preguiça a treliça
o castiço o castigo
o arroz o horror
a nespa a vêspera
o papa a joaninha
as endoenças os antibióticos

X

o árvore a mar
o doce de pássaro
a passa de pêsame
o cio a poesia
a força do destino
a pátria a saciedade
o cudelume Ulalume
o zum-zum de Zeus
        o bômbix
        o ptyx

Lição de coisas (1962)

A METAFÍSICA DO CORPO

A Sonia von Brusky

A metafísica do corpo se entremostra
nas imagens. A alma do corpo
modula em cada fragmento sua música
de esferas e de essências
além da simples carne e simples unhas.

Em cada silêncio do corpo identifica-se
a linha do sentido universal
que à forma breve e transitiva imprime
a solene marca dos deuses
e do sonho.

Entre folhas, surpreende-se
na última ninfa
o que na mulher ainda é ramo e orvalho
e, mais que natureza, pensamento
da unidade inicial do mundo:
mulher planta brisa mar,
o ser telúrico, espontâneo,
como se um galho fosse da infinita
árvore que condensa
o mel, o sol, o sal, o sopro acre da vida.

De êxtase e tremor banha-se a vista
ante a luminosa nádega opalescente,
a coxa, o sacro ventre, prometido
ao ofício de existir, e tudo mais que o corpo
resume de outra vida, mais florente,
em que todos fomos terra, seiva e amor.

Eis que se revela o ser, na transparência
do invólucro perfeito.

Corpo (1984)

Murilo Mendes

Murilo Mendes (1901-1975), mineiro de Juiz de Fora, estreia em livro dentro da nova estética com *Poemas* (1930), que recebeu o prêmio Graça Aranha. Já estreia pronto, como grande poeta e com estilo definido. É o mais surrealista dos modernistas. Converteu-se ao catolicismo, por influência do pintor Ismael Nery, aliando-se a Jorge de Lima. Enveredará por uma poesia mais social e participante, bem como pelas ousadias formais de *Convergência* (1970). Em cargos diplomáticos e como professor em Roma, alimentou amizades no exterior e nunca mais regressou. Principais livros: *História do Brasil* (1932), *A poesia em pânico* (1938), *O visionário* (1941), *As metamorfoses* (1944), *Poesia liberdade* (1947), *Sonetos brancos* (1948), *Tempo espanhol* (1951), *Siciliana* (1959) e *Convergência* (1970).

CANÇÃO DO EXÍLIO

Minha terra tem macieiras da Califórnia
onde cantam gaturamos de Veneza.
Os poetas da minha terra
são pretos que vivem em torres de ametista,
os sargentos do exército são monistas, cubistas,
os filósofos são polacos vendendo a prestações.
A gente não pode dormir
com os oradores e os pernilongos.
Os sururus em família têm por testemunha a Gioconda.
Eu morro sufocado
em terra estrangeira.
Nossas flores são mais bonitas
nossas frutas mais gostosas
mas custam cem mil-réis a dúzia.

Ai quem me dera chupar uma carambola de verdade
e ouvir um sabiá com certidão de idade!

Poemas (1930)

FICO

Eu fico, pois não,
Se a todos dou bem.
Preparem as mulatas,
Recheiem os p'rus,
Avisem os banqueiros,
Suprimam os chuveiros,
Me comprem mercúrio,
Afinem as guitarras,
Previnam o Chalaça,

Aprontem o *troley*,
Eu fico, mas vou
Falar com a Marquesa,
Já volto pra ceia.
Falando em comidas
Eu fico, pois não.

História do Brasil (1932)

O PASTOR PIANISTA

Soltaram os pianos na planície deserta
Onde as sombras dos pássaros vêm beber.
Eu sou o pastor pianista,
Vejo ao longe com alegria meus pianos
Recortarem os vultos monumentais
Contra a lua.

Acompanhado pelas rosas migradoras
Apascento os pianos que gritam
E transmitem o antigo clamor do homem

Que reclamando a contemplação
Sonha e provoca a harmonia,
Trabalha mesmo à força,
E pelo vento nas folhagens,
Pelos planetas, pelo andar das mulheres,
Pelo amor e seus contrastes,
Comunica-se com os deuses.

As metamorfoses (1944)

OFÍCIO HUMANO

As harpas da manhã vibram suaves e róseas.
O poeta abre seu arquivo – o mundo –
E vai retirando dele alegria e sofrimento
Para que todas as coisas passando pelo seu coração
Sejam reajustadas na unidade.

É preciso reunir o dia e a noite,
Sentar-se à mesa da terra com o homem divino e o criminoso,
É preciso desdobrar a poesia em planos múltiplos
E casar a branca flauta da ternura aos vermelhos clarins do sangue.
Esperemos na angústia e no tremor e fim dos tempos,
Quando os homens se fundirem numa única família,
Quando se separar de novo a luz das trevas
E o Cristo Jesus vier sobre a nuvem,
Arrastando por um cordel a antiga Serpente vencida.

Poesia liberdade (1947)

O RITO HUMANO

Pelas curvas da tarde vem surgindo
A inefável palavra Agnus Dei.
Ouço balidos pelo mundo inteiro:
Matam o cordeiro branco redentor.

As armas do futuro desenhadas
Vejo no espaço, túmulos abertos:
Os balidos rebentam das gargantas
Até dos que inda estão para nascer.

De variadas maneiras matam o homem.
Matam a pureza, a paz, a liberdade,
Pelo cutelo, a bomba, a guilhotina,

Pelo silêncio, a fome, a solidão.
Fecha o leque de plumas o Oriente,
Abre o Ocidente o tanque de terror.

Sonetos brancos (1948)

POEMA PESSOAL

Levanto-me da carruagem de paixões e plumas
Aparentemente guiada pelas irmãs Brontë.

Deu uma tristeza agora nos telhados...

As cigarras sublinham a tarde emparedada,
O trovão fechou o piano.
Surge antecipadamente o arco-íris,
Aliança temporária de Deus com o homem,
Sem a solidez da eucaristia:
Surge sobre encarcerados, órfãos, marginais,
Sobre os tristes e os sem-solução.

Dos quatro cantos de mim mesmo
Irrompe um Dedo terribilíssimo que me acusa
Porque sem os olhar deixo de lado
Os restos agonizantes do mundo.

Transformou-se agora o céu.
Céu patinado, que escureza.
Céu sempre futuro e amargo,

Como são fundamentais
Estes sofrimentos de segundo plano!

Mais o que mesmo lembrar?
Ah sim – esta arrastada caranguejola da vida...

Parábola (1954)

AS RUÍNAS DE SELINUNTE

Correspondendo a fragmentos de astros,
A corpos transviados de gigantes,
A formas elaboradas no futuro,
Severas tombando
Sobre o mar em linha azul, as ruínas
Severas tombando
Compõem, dóricas, o céu largo.
Severas se erguendo,
Procuram-se, organizam-se,
Em forma teatral suscitam o deus
Verticalmente, horizontalmente.

Nossa medida de humanos
– Medida desmesurada –
Em Selinunte se exprime:
Para a catástrofe, em busca
Da sobrevivência, nascemos.

Siciliana (1959)

MURILOGRAMA A JOÃO SEBASTIÃO BACH

João Sebastião mete o som na mão

João Sebastião mete o sol na mão

João Sebastião martelando o órgão

João Sebastião espaventa o górgão

João Sebastião temperando o cravo

João Sebastião tolhe-nos o travo

João Sebastião restaurando Orfeu

João Sebastião mestre vosso e meu

João Sebastião tua vontade louvo

João Sebastião movimento novo

João Sebastião pule apura poda

João Sebastião roda roda roda

João Sebastião ouvido da Paixão

João Sebastião esfera em rotação.

Roma, 1965

Convergência (1970)

MACHO & FÊMEA

O leão a leonesa
O tigre a tigresa
O piano a pianesa
O martelo a martelesa
O turco a turquesa
O clavicórdio a clavicordesa
O serrote a serrotesa
O bordel a bordalesa
O avião a avionesa
O radar a radaresa
O bonde a bondesa
O veronês a veronesa
O pavês a pavesa
O touro a touresa.

O pavão a pavana
O paxá a pachorra
O rei-cláudio a rainha-cláudia
O macho a macha.

Ibidem

Raul Bopp

Raul Bopp (1898-1984), gaúcho, ficaria associado à vertente primitivista do Modernismo devido à repercussão de seu *Cobra Norato* (1931), elaboração lírica de mitos amazônicos, até hoje reeditado. Foi um dos diretores da *Revista de Antropofagia*. Incorporou pesquisa de linguagem, sobretudo regional e amazônica. Autor de ensaios, relatórios profissionais, memórias e apontamentos de viagem, entre eles os indispensáveis depoimentos *Movimentos modernistas no Brasil* (1966) e *Vida e morte da Antropofagia* (1977). Afastou-se das lides propriamente poéticas em 1932, quando se voltou à carreira diplomática e despediu-se do Brasil. Principais livros: *Urucungo* (1932), *Poesias* (1947), *Cobra Norato e outros poemas* (1954) e *Putirum* (1969).

CIDADE SELVAGEM

Esta é a galeria das raízes aflitas,
Condenadas a alimentar lá em cima a grande selva, inimiga do homem
Estorcem-se, como enormes clavículas, esmagadas ao peso dos caules

Os sapos, escondidos na sombra, espiam as árvores que não trabalham.
E os troncos sábios, enrugados numa toalete paleozoica,
Estudam, durante a noite, uma nova geometria selvagem para as
[folhas.

Cochicham, no alto, os cipós encurvados, tecendo intrigas à beira
[dos galhos,
Onde as orquídeas lânguidas balançam.

Movem-se as folhas do açaí, como pernas de aranha espetadas num
[caule.
Grita uma guariba, sacudindo as árvores que estão com sono.
No fundo, um pedaço da selva reclama silêncio.

Sozinha, abraçando as primeiras flores,
Acorda-se, cheia de susto, um pé de miratuá, intoxicada e franzina.
Bisbilham as folhas tagarelas, numa clareira do mato.
Súbito, um cururu, de sentinela, brada um *ALTO LÁ!*
QUÁ QUÁ QUÁ.

Entre os arbustos atônitos, passa lentamente a sombra austera de
[Jacques Hubert
Catalogando as umbelíferas.

Pia um pio... um longo assobio, entre risadinhas anônimas.
Depois toda a selva alarmada, ante a ingênua irreverência do sábio,
Se desata, do alto dos galhos, em largas gargalhadas de vaia:
QUÁ QUÁ QUÁ.

Putirum (1969)

MÃE-FEBRE

Mãe-febre bebeu os meus olhos selvagens.
E ante este charco e esta selva de sobrancelhas espessas que me espiam,
Grita de novo no meu sangue uma nostalgia de bárbaro.

De um lado, um resto de terra, esmagada e negra
E um longínquo rumor de igarapés afogados.
De repente, no fundo da floresta, um baque:
É um pedaço de árvore que se suicida.

Agarro-me aos altos caules magros,
Com horror deste pântano, elástico e podre.
Lá adiante, o mangue, de raízes iradas, mordendo a lama,
Dá-me a impressão de uma floresta de esqueletos.

Atrás das velhas árvores desconfiadas,
Andam salteadores cochichando, com intenções de crime.

Adoecem os horizontes...

Crescem, dentro da tarde, sombras longas
Como uma ameaça.

No hálito morno do charco,
Anda a Mãe-febre, semeando essências para delírios lúgubres.

Sinto, em silêncio, a pulsação da terra.

Dançam na minha sede, longos círculos elásticos,
Como se houvesse um grande incêndio no meu sangue.

Ibidem

SÃO PAULO

São Paulo é uma cidade que tem casa mas não tem rua.

O vagabundo que gosta de espiar a madrugada de cima dos bancos
Não tem liberdade de preguiça.
A gente não pode sonhar direito
Porque só encontra anúncio e soldados por todos os cantos.

De tarde, a gente já não sabe onde ir.
As costureirinhas só gostam de andar de automóvel
E de jogadores de futebol.

Em São Paulo o tempo custa muito caro...

Quando se pede pra falar com o presidente,
Ele estende a mão antes da gente acabar a conversa...

Às vezes eu pego um bonde pra conversar com os rios lá no fim da
[cidade.
Mas o Tietê anda muito aborrecido com o novo contrato da Light
Arranjado pelo doutor Sylvio de Campos...
(Até o Ipiranga já tem margens de cimento armado.)

São Paulo é tão diferente do resto do Brasil!
Parece que a cidade foi feita de encomenda na Casa Sloper...

Ibidem

XVIII

Vou me estirar neste paturá
para ouvir barulhos de beira de mato
e sentir a noite toda habitada de estrelas

Quem sabe se uma delas
com seus fios de prata
viu o rasto luminoso da filha da rainha Luzia?

Dissolvem-se rumores distantes
num fundo de floresta anônima

Sinto bater em cadência
a pulsação da terra

Silêncios imensos se respondem...

Cobra Norato (1931)

URUCUNGO

Pai-João, de tarde, no mocambo, fuma
E as sombras afundam-se no seu olhar.
Preto velho afoga no cachimbo a lembrança dos anos de trabalho
[que lhe gastaram os músculos.

Perto dali, no largo pátio da fazenda,
umbigando e corpeando em redor da fogueira,
começa a dança nostálgica dos negros,
num soturno bate-bate de atabaque de batuque.

Erguem-se das solidões da memória
coisas que ficaram no outro lado do mar.

Preto velho nunca mais teve alegria.

Às vezes pega no urucungo
e põe no longo tom das cordas vozes que ele escutou pelas florestas
[africanas.

Dói-lhe ainda no sangue uma bofetada de nhô-branco.
O feitor dava-lhe às vezes uma ração de sol para secar as feridas.

Perto dali, enchendo a tarde lúgubre e selvagem,
a toada dos negros continua:

Mamá Cumandá
Eh Bumba.
Acubabá Cubebé
Eh Bumba.

Urucungo (1932)

TAPUIA

As florestas ergueram braços peludos para esconder-te
com ciúmes do sol.

A tua carne triste se desabotoa nos seios
recém-chegados do fundo das selvas.

Pararam no teu olhar as noites do Amazonas
mornas e imensas.
E no teu corpo longo
ficou dormindo a sombra das cinco estrelas do Cruzeiro.

O mato acorda no teu sangue
sonhos de tribos desaparecidas
– filha de raças anônimas
que se misturam em grandes adultérios!

E erras sem rumo assim pelas beiras do rio
que os teus antepassados te deixaram de herança.

O vento desarruma os teus cabelos soltos
e modela o vestido na intimidade do teu corpo exato.

À noite o rio te chama.

Chamam-te vozes do fundo do mato.

Então te entregas à água
demoradamente
como uma flor selvagem
ante a curiosidade das estrelas.

Ibidem

CABOCLO

Caboclo triste, de cara enrugada,
fica sentado à porta do rancho.

Fuma.
Não conversa com a mulher.

Os olhos endureceram
naquela solidão da linha do mato
mutilado a machado.

O escuro apaga as árvores.
Fogo desanimou na cozinha.
Mia um gatinho magro no terreiro:
M-i-s-é-r-i-a.

Queixam-se os sapos
naquele silêncio enorme.
Nada lhe adoça os pensamentos apagados
– alma copiada pela geografia.

Cresce a área das derrubadas,
áspera,
eriçada de tocos de árvores.

Caboclo cisma
dentro do seu horizonte limitado pela linha do mato.
Fuma o cigarro lento.
Miséria.

Cobra Norato e outros poemas (1954)

BUENA-DICHA GEOGRÁFICA

– Vem cá, Brasil. Deixe eu ler a sua mão, menino.
Ponha agora um tostão para Buena-dicha:

Repare esse traço forte
que cruza a mão de lado a lado.
Pois é a linha da Vida. É o Amazonas.
Nunca lê há de faltar nada
quando você quiser ficar rico.

Esta curva é o São Francisco. A linha da Inteligência.
Já deu Rui Barbosa...

E esse risquinho em cruz no lado esquerdo?
– Não faça caso. É o Iguaçu.
Um sinal de contrariedade em seus amores.
Você está na época da puberdade, menino.

– Ponha agora outro níquel para dar sorte.
Vou lê contar uma coisa boa:

– Você está vendo esse risco fundo
que atravessa a mão de baixo para cima?
É a linha do Coração.
Você ainda há de ser muito feliz, menino.
Essa linha... é a marcha da coluna Prestes.

Ibidem

IMIGRAÇÃO

Decreto-lei número tal:
Pode entrar toda gente
de cara bem-feita e sã,
que venha fazer sociedade com a terra
e ajudar a encher nossa geografia vazia.

Nas bagagens misturadas
(arcas entulhadas com amostras de civilização)
virão motores, violinos, pergaminhos de Universidades
e as obras de Rousseau.

Aprenderemos então a fazer um novo Contrato Social.

Virão sábios e veterinários,
filósofos para nos ensinarem o verdadeiro sentido da vida.

Virão barões assinalados e arruinados,
prostitutas jovens e de boas maneiras,
para casarem com filhos de fazendeiros de São Paulo.

Depois de chegar muita gente
animada
variada
misturada
virão também os fios elétricos e os trilhos
para construirmos um bondinho circular
por todo esse Brasil.

Ibidem

Vinicius de Moraes

Vinicius de Moraes (1913-1980), carioca, estreia com livro de poesia mística e católica em 1933. Posteriormente produziu obra mais coloquial, erótica e com laivos de humor, mesclada a baladas e sonetos de recorte camoniano. Sobressai preocupação social e política, que acarretaria sua expulsão da carreira diplomática pelo golpe militar de 1964. Crítico de cinema de renome, foi delegado brasileiro em festivais internacionais. Astro da música popular, disputado como letrista, parceiro de Tom Jobim e Chico Buarque. Autor de uma reputada peça de teatro que se tornaria um filme premiado, *Orfeu negro*. Principais livros: *Forma e exegese* (1935), *Ariana, a mulher* (1936), *Novos poemas* (1938), *Poemas, sonetos e baladas* (1946), *Novos poemas II* (1959) e *Para viver um grande amor* (1964).

A MULHER QUE PASSA

Meu Deus, eu quero a mulher que passa.
Seu dorso frio é um campo de lírios
Tem sete cores nos seus cabelos
Sete esperanças na boca fresca!
Oh! como és linda, mulher que passas
Que me sacias e suplicias
Dentro das noites, dentro dos dias!

Teus sentimentos são poesia
Teus sofrimentos, melancolia.
Teus pelos leves são relva boa
Fresca e macia.
Teus belos braços são cisnes mansos
Longe das vozes da ventania.

Meu Deus, eu quero a mulher que passa!

Como te adoro, mulher que passas
Que vens e passas, que me sacias
Dentro das noites, dentro dos dias!
Por que me faltas, se te procuro?
Por que me odeias quando te juro
Que te perdia se me encontravas
E me encontrava se te perdias?

Por que não voltas, mulher que passas?
Por que não enches a minha vida?
Por que não voltas, mulher querida
Sempre perdida, nunca encontrada?
Por que não voltas à minha vida
Para o que sofro não ser desgraça?

Meu Deus, eu quero a mulher que passa!
Eu quero-a agora, sem mais demora
A minha amada mulher que passa!

No santo nome do teu martírio
Do teu martírio que nunca cessa
Meu Deus, eu quero, quero depressa
A minha amada mulher que passa!

Que fica e passa, que pacifica
Que é tanto pura como devassa
Que boia leve como a cortiça
E tem raízes como a fumaça.

Novos poemas (1938)

O FALSO MENDIGO

Minha mãe, manda comprar um quilo de papel almaço na venda
Quero fazer uma poesia.
Diz a Amélia para preparar um refresco bem gelado
E me trazer muito devagarinho.
Não corram, não falem, fechem todas as portas a chave
Quero fazer uma poesia.
Se me telefonarem, só estou para Maria
Se for o Ministro, só recebo amanhã
Se for um trote, me chama depressa
Tenho um tédio enorme da vida.
Diz a Amélia para procurar a "Patética" no rádio
Se houver um grande desastre vem logo contar
Se o aneurisma de dona Ângela arrebentar, me avisa
Tenho um tédio enorme da vida.
Liga para vovó Nenem, pede a ela uma ideia bem inocente

Quero fazer uma grande poesia.
Quando meu pai chegar tragam-me logo os jornais da tarde
Se eu dormir, pelo amor de Deus, me acordem
Não quero perder nada na vida.
Fizeram bicos de rouxinol para o meu jantar?
Puseram no lugar meu cachimbo e meus poetas?
Tenho um tédio enorme da vida.
Minha mãe, estou com vontade de chorar
Estou com taquicardia, me dá um remédio
Não, antes me deixa morrer, quero morrer, a vida
Já não me diz mais nada
Tenho horror da vida, quero fazer a maior poesia do mundo
Quero morrer imediatamente.
Fala com o Presidente para fecharem todos os cinemas
Não aguento mais ser censor.
Ah, pensa uma coisa, minha mãe, para distrair teu filho
Teu falso, teu miserável, teu sórdido filho
Que estala em força, sacrifício, violência, devotamento
Que podia britar pedra alegremente
Ser negociante cantando
Fazer advocacia com o sorriso exato
Se com isso não perdesse o que por fatalidade de amor
Sabe ser o melhor, o mais doce e o mais eterno da tua puríssima
[carícia.

Ibidem

POEMA DE NATAL

Para isso fomos feitos:
Para lembrar e ser lembrados
Para chorar e fazer chorar
Para enterrar os nossos mortos

Por isso temos braços longos para os adeuses
Mãos para colher o que foi dado
Dedos para cavar a terra.

Assim será a nossa vida:
Uma tarde sempre a esquecer
Uma estrela a se apagar na treva
Um caminho entre dois túmulos –
Por isso precisamos velar
Falar baixo, pisar leve, ver
A noite dormir em silêncio.

Não há muito que dizer:
Uma canção sobre um berço
Um verso, talvez, de amor
Uma prece por quem se vai –
Mas que essa hora não esqueça
E por ela os nossos corações
Se deixem, graves e simples.

Pois para isso fomos feitos:
Para a esperança no milagre
Para a participação da poesia
Para ver a face da morte –
De repente nunca mais esperaremos...
Hoje a noite é jovem; da morte, apenas
Nascemos, imensamente.

Poemas, sonetos e baladas (1946)

VALSA À MULHER DO POVO

Oferenda

Oh minha amiga da face múltipla
Do corpo periódico e geral!
Lúdica, efêmera, inconsútil
Musa central-ferroviária!
Possa esta valsa lenta e súbita
Levemente copacabanal
Fazer brotar do povo a flux
A tua imagem abruptamente
Ó antideusa!

Valsa

Te encontrarei na barca Cubango, nas amplas salas da Cubango
Vestida de tangolomango
Te encontrarei!
Te encontrarei nas brancas praias, pelas pudendas brancas praias
Itinerante de gandaias
Te encontrarei. Te encontrarei nas feiras livres
Entre moringas e vassouras, emoldurada de cenouras
Te encontrarei. Te encontrarei tarde na rua
De rosto triste como a lua, passando longe como a lua
Te encontrarei. Te encontrarei, te encontrarei
Nos longos *footings* suburbanos, tecendo os sonhos mais humanos
Capaz de todos os enganos
Te encontrarei. Te encontrarei nos cais noturnos
Junto a marítimos soturnos, sombras de becos taciturnos
Te encontrarei. Te encontrarei, oh mariposa
Oh *taxi-girl*, oh *virginette* pregada aos homens a alfinete
De corpo sax e clarinete

Te encontrarei. Oh pulcra, oh pálida, oh pudica
Oh grã-cupincha, oh nova-rica
Que nunca sais da minha dica: sim, eu irei
Ao teu encontro onde estiveres
Pois que assim querem os malmequeres
Porque és tu santa entre as mulheres
Te encontrarei!

Antologia poética (1960)

POÉTICA (I)

De manhã escureço
De dia tardo
De tarde anoiteço
De noite ardo.

A oeste a morte
Contra quem vivo
Do sul cativo
O este é meu norte.

Outros que contem
Passo por passo:
Eu morro ontem

Nasço amanhã
Ando onde há espaço:
– Meu tempo é quando.

Livro de sonetos (1957)

O TEMPO NOS PARQUES

O tempo nos parques é íntimo, inadiável, imparticipante,
[imarcescível.
Medita nas altas frondes, na última palma da palmeira
Na grande pedra intacta, o tempo nos parques.
O tempo nos parques cisma no olhar cego dos lagos
Dorme nas furnas, isola-se nos quiosques
Oculta-se no torso muscular dos fícus, o tempo nos parques.
O tempo nos parques gera o silêncio do piar dos pássaros
Do passar dos passos, da cor que se move ao longo.
É alto, antigo, presciente o tempo nos parques
É incorruptível; o prenúncio de uma aragem
A agonia de uma folha, o abrir-se de uma flor
Deixam um frêmito no espaço do tempo nos parques.
O tempo nos parques envolve de redomas invisíveis
Os que se amam; eterniza os anseios, petrifica
Os gestos, anestesia os sonhos, o tempo nos parques.
Nos homens dormentes, nas pontes que fogem, na franja
Dos chorões, na cúpula azul o tempo perdura
Nos parques; e a pequenina cutia surpreende
A imobilidade anterior desse tempo no mundo
Porque imóvel, elementar, autêntico, profundo
É o tempo nos parques.

Antologia poética (1960)

SONETO A SERGEI MIKHAILOVITCH EISENSTEIN

Pelas auroras imobilizadas
No instante anterior; pelos gerais
Milagres da matéria; pela paz
Da matéria; pelas transfiguradas

Faces da História; pelo conteúdo
Da História e em nome de seus grandes idos
Pela correspondência dos sentidos
Pela vida a pulsar dentro de tudo

Pelas nuvens errantes; pelos montes
Pelos inatingíveis horizontes
Pelos sons; pelas cores; pela voz

Humana; pelo Velho e pelo Novo
Pelo misterioso amor do povo
Spasibo, tovarishch. Khorosho.

Ibidem

NÃO COMEREI DA ALFACE A VERDE PÉTALA

Não comerei da alface a verde pétala
Nem da cenoura as hóstias desbotadas
Deixarei as pastagens às manadas
E a quem mais aprouver fazer dieta.

Cajus hei de chupar, mangas-espadas
Talvez pouco elegantes para um poeta
Mas peras e maçãs, deixo-as ao esteta
Que acredita no cromo das saladas.

Não nasci ruminante como os bois
Nem como os coelhos, roedor; nasci
Onívoro; deem-me feijão com arroz

E um bife, e um queijo forte, e parati
E eu morrerei, feliz, do coração
De ter vivido sem comer em vão.

Para viver um grande amor (1964)

O ANJO DAS PERNAS TORTAS

A Flávio Porto

A um passe de Didi, Garrincha avança
Colado o couro aos pés, o olhar atento
Dribla um, dribla dois, depois descansa
Como a medir o lance do momento.

Vem-lhe o pressentimento; ele se lança
Mais rápido que o próprio pensamento
Dribla mais um, mais dois; a bola trança
Feliz, entre seus pés – um pé de vento!

Num só transporte a multidão contrita
Em ato de morte se levanta e grita
Seu uníssono canto de esperança.

Garrincha, o anjo, escuta e atende: – Goooool!
É pura imagem: um G que chuta um O
Dentro da meta, um L. É pura dança!

Ibidem

ÍNDICE

"Écloga tropical", "Epigrama", "Interior", "Sabedoria", "Vento noturno", "Uma noite em Los Andes", "Épura", "Meio-dia", "O mercado de prata, de ouro e esmeralda" © Global Editora, 2008 • "Juca Mulato" In: *Juca Mulato*; "Os ladrões", "O espelho" In: *Chuva de pedra*; "O discurso" In: *República dos Estados Unidos do Brasil*; "O cadáver do anjo", "Pêndulo", "Mensagem", "Bairro da Luz", "Lunik" © Casa Menotti Del Picchia • "Ave!" In: *Poemas*, Jorge de Lima, Rio de Janeiro, Record; "Nordeste" In: *Melhores poemas Jorge de Lima*, Jorge de Lima, São Paulo, Global Editora; "Mulher proletária" In: *Melhores poemas Jorge de Lima*, Jorge de Lima, São Paulo, Global Editora; "Democracia" In: *Melhores poemas Jorge de Lima*, Jorge de Lima, São Paulo, Global Editora; "Poema de encantação" In: *Melhores poemas Jorge de Lima*, Jorge de Lima, São Paulo, Global Editora; "A planície e as flores carnívoras" In: *Anunciação e encontro de Mira-Celi*, Jorge de Lima, Rio de Janeiro, Record; "As palavras de despedida" In: *Anunciação e encontro de Mira-Celi*, Jorge de Lima, Rio de Janeiro, Record; "36" In: *Anunciação e encontro de Mira-Celi*, Jorge de Lima, Rio de Janeiro, Record; "Canto I/Fundação da ilha" In: *Melhores poemas Jorge de Lima*, Jorge de Lima, São Paulo, Global Editora © by Maria Thereza Jorge de Lima e Lia Corrêa Lima Alves de Lima • "Ladainha", "Os 7 cegos da Babilônia", "Cavalo no jardim", "Interrogações", "Translação" In: *Jeremias sem-chorar*; "Prece cósmica", "Sabiá flauteador", "As andorinhas de Antônio Nobre", "Lâmpada do operário" In: *Os sobreviventes* © Heitor Sergio Reali Fragoso • "O domador" In: *A frauta que eu perdi*; "Maxixe", "Mormaço", "Cartaz" In: *Meu*; "Cantiga das rimas paupérrimas" In: *Você*; "Garoa" In: *Poesia vária*; "Definição de poesia", "Álibi" In: *O anjo de sal*; "Rua" In: *Rua* © Condomínio dos proprietários dos direitos intelectuais de Guilherme de Almeida • "Os sapos" In: *Carnaval*; "O cacto", "Pneumotórax", "Vou-me embora pra Pasárgada", "Poética" In: *Libertinagem*; "Balada das três mulheres do Sabonete Araxá", "Momento num café" In: *Estrela da manhã*; "Água-forte" In: *Lira dos cinquent'anos*; "Consoada" In: *Estrela da tarde* © Condomínio dos proprietários dos direitos intelectuais de Manuel Bandeira – Direitos cedidos por Solombra – Agência Literária (solombra@solombra.org) • "Inspiração" In: *Pauliceia desvairada*; "O 'alto'" In: *Losango cáqui*; "Tostão de chuva" In: *Clã do jabuti*; "Eu sou trezentos...", "Poemas da amiga", "Brasão" In: *Remate de males*; "Rito do irmão pequeno" In: *Poesias*; [Garoa do meu São Paulo,], [Quando eu morrer quero ficar] © Herdeiros de Mario de Andrade • "Explicação" In: *Vaga música*; "Sugestão" In: *Mar absoluto*; "Pássaro" In: *Retrato natural*; "Romance III ou Do caçador feliz" In: *Romanceiro da Inconfidência*; "Nadador" In: *Canções*; "26" In: *Metal rosicler*; [O gosto da Beleza em meu lábio descansa:] In: *Solombra*; "Máquina breve" In:

Antologia poética; "Mapa de anatomia: o Olho" In: *O estudante empírico* © Condomínio dos proprietários dos direitos intelectuais de Cecília Meireles – Direitos cedidos por Solombra – Agência Literária (solombra@solombra.org) • "Gorda", "O mar e o cais" In: *Poemetos de ternura e de melancolia*; "A invenção da poesia brasileira" In: *Um homem na multidão*; "Domingo" In: *Província*; "Sanfona do menor imperial" In: *Cancioneiro de Dom Afonso*; "Saudades de Sebastião pescador" In: *Cancioneiro do ausente*; "Camonocórdia num cais de Lisboa" In: *Longe*; [Tanta era a névoa simbolista], "Sótão" In: *Adeuses* © João Maria Pereira Rennó – Direitos cedidos por Solombra – Agência Literária (solombra@solombra.org) • "Umbu" In: *Coração verde*; "Susto" In: *Giraluz*; "Oração ao Negrinho do Pastoreio" In: *Duas orações*; "Coro dos satisfeitos", "Chewing gum", "Delirismo", "Solo do flautista atrás da grade", "Prelúdio da gota", "Orfeu" In: *Poemas de Bilú* © Condomínio dos proprietários dos direitos intelectuais de Augusto Meyer • "Maracatu", "Minha escola", "O gênio da raça" In: *Catimbó*; "Nordeste", "Mulata sarará", "Filosofia", "Toré", "A pega do boi" In: *Cana caiana*; "Gaúcho" In: *Xenhenhém* © Maria Luiza Medeiros Gonçalves Ferreira • "Festa da raça" © ANDRADE, Oswald de. "Festa da raça" In: *Pau-Brasil*. 2. ed. São Paulo: Globo, 2003. p. 112; "Relicário" © ANDRADE, Oswald de. "Relicário" In: *Pau-Brasil*. 2. ed. São Paulo: Globo, 2003. p. 127; "Bonde" © ANDRADE, Oswald de. "Bonde" In: *Pau-Brasil*. 2. ed. São Paulo: Globo, 2003. p. 144; "Pronominais" © ANDRADE, Oswald de. "Pronominais" In: *Pau-Brasil*. 2. ed. São Paulo: Globo, 2003. p. 167; "Ocaso" © ANDRADE, Oswald de. "Ocaso" In: *Pau-Brasil*. 2. ed. São Paulo: Globo, 2003. p. 189; "Canto do regresso à pátria" © ANDRADE, Oswald de. "Canto do regresso à pátria" In: *Pau-Brasil*. 2. ed. São Paulo: Globo, 2003. p. 193; "Soidão" © ANDRADE, Oswald de. "Soidão" In: *Primeiro caderno do aluno de poesia Oswald de Andrade*. São Paulo: Globo, 2006. p. 68-9; "Erro de português" © ANDRADE, Oswald de. "Erro de português" In: *O santeiro do mangue e outros poemas*. São Paulo: Globo, 1991. p. 95; "História pátria" © ANDRADE, Oswald de. "História pátria" In: *Primeiro caderno do aluno de poesia Oswald de Andrade*. São Paulo: Globo, 2006. p. 56 • "Canto do estrangeiro" In: *Navio perdido*, Augusto Frederico Schmidt, Editora do Autor; "Menina morta" In: *Pássaro cego*, Augusto Frederico Schmidt, Editora do Autor; "Os príncipes" In: *Canto da noite*, Augusto Frederico Schmidt, Editora Nacional; "Soneto" In: *Estrela solitária*, Augusto Frederico Schmidt, José Olympio; "Ouço uma fonte" In: *Fonte invisível*, Augusto Frederico Schmidt, José Olympio; "Mãos" In: *Os reis*, Augusto Frederico Schmidt, Gráfica das Artes; "O divino Emanuel" In: *Aurora lívida*, Augusto Frederico Schmidt, Simões; "As sete"